Inhalt

Vorwort

1. VORWORT

Was soll ich bloß unterwegs essen? Ein Hilferuf, der mich in den vergangenen zwei Jahren von den Leser/innen meines Happy-Carb-Blogs regelmäßig erreicht hat. Wer sich mit Überzeugung entschieden hat, den Kohlenhydraten abzuschwören und der Low-Carb-Ernährung treu zu bleiben, steht irgendwann vor dem Problem:

Was essen, wenn ich nicht mehr in direkter Reichweite meiner Küche bin?

Verlässt man das eigene Zuhause, winken nämlich überall unverschämt gutaussehende kohlenhydratreiche Leckereien. Die Versuchung, dem Duft der hiesigen Bäckereien zu erliegen, steigt mit der Entfernung zum sicheren heimatlichen Low-Carb-Hafen überproportional an. Dagegen hilft nach meiner Erfahrung am besten, köstliche Leckereien in der Tasche zu wissen, die jeden noch so verführerischen Duft mit einem Achselzucken aus der Kategorie »Die Schinken-Käse-Laugenstangen da können mich mal« in die Schranken weisen.

Was in der Lunchbox wartet, ist viel besser!

Um genau diese Leckereien soll es in diesem Buch gehen. Bunt, gesund, unschlagbar lecker und natürlich zum Mitnehmen geeignet.

Die Vorteile liegen auf der Hand. Selbstgemachtes hat meist mehr Nährstoffe, schmeckt ganz oft viel besser und auf jeden Fall wissen wir genau, was drin ist. Damit meine ich nicht nur die Kontrolle über die Menge der Kohlenhydrate, sondern auch die ganze Liebe, die in einer selbst vorbereiteten Mahlzeit steckt und die einen so durch den Tag begleitet.

Mit einer Lunchbox transportieren Sie so immer ein wenig von der wohligen Wärme und dem sicheren Gefühl der heimatlichen Wohnung in die Welt hinaus. Und in manch schwieriger Situation kann eine selbst hergestellte Pausenmahlzeit oder ein mitgebrachter Snack einem den Arsch retten, bzw. auch die Nerven beruhigen. Kommt darauf an, was in dem Moment gebraucht wird.

In diesem Sinne wünsche ich viel Freude mit meinen leckeren Ideen, die jetzt von Ihnen in die Welt hinausgetragen werden wollen. Guten Appetit!

Ihre

Bettina Meiselbach

Von einer, die auszog, ihr Gewicht zu halbieren

2. VON EINER, DIE AUSZOG,
IHR GEWICHT ZU HALBIEREN

Während ich hier sitze und darüber nachdenke, wie ich meine persönliche Erfolgsgeschichte in einer kurzen Fassung zu Papier bringe, merke ich, wie unwirklich ich selbst nach drei Jahren noch die Situation empfinde, dass ich fast 60 Kilogramm an Gewicht verloren habe. Uff!

Ich war in den 25 Jahren zuvor nämlich fast immer dick. Wie so viele andere Menschen auch mit diversen Schwankungen, den gängigen Diäten sei Dank, und am Ende stets mit viel mehr Gewicht auf den Rippen als vorher. Immer brav dem Jahresrhythmus folgend, begann der Januar mit einer neuen Diät, und den zehn Kilogramm weniger folgten 15 neue Kilo auf den Rippen.

Bis, ja bis, die Gesundheit mir einen Strich durch diese Gangart machte. Der Schlag erfolgte im Oktober 2013. Beruflicher Dauerstress und ein wenig achtsamer Umgang mit mir selbst hatten mich ans Limit gebracht. Auf einmal saß ich in einer Rehaklinik, und wenn ich schon mal da war, wurde auch gleich noch eine Diabetes-Typ-2-Erkrankung diagnostiziert. Der Schock saß und mir wurde klar, dass es so nicht weitergehen kann, wenn mir mein Leben lieb ist.

Als Diätprofi mit 25 Jahren praktischer Erfahrung wusste ich tief in mir drin, dass klassische Reduktionsdiäten nicht funktionieren. Eine späte Einsicht, aber vorher wollte ich immer den teuflischen »kurzen« Weg. Nun musste eine langfristige Ernährungsumstellung her. Da ich als Typ-2-Diabetikerin mit den Kohlenhydraten ein wenig auf Kriegsfuß stehe, es also meine Stoffwechsellage nicht hergibt, mich mit Zucker, Getreide und Co. in großen Mengen zu belasten, wandte ich mich der kohlenhydratreduzierten Ernährung zu.

Mit Erfolg. Die Reduzierung der Kohlenhydrate bekam mir hervorragend. Meine Diabetes-Erkrankung verschwand, und ich brauchte bald keine Medikamente mehr. Das Übergewicht schmolz dahin, und ich fühlte mich vitaler und lebendiger als je zuvor. Bewegung machte wieder Spaß und wurde so ein fester Bestandteil in meinem Leben. Es wurde zwar kein Fitnessjunkie aus mir, aber die Kombination aus regelmäßigem Ausdauersport und etwas Muskeltraining war effektiv. Gepaart mit regelmäßiger Entspannung und mehr Pausen für die Seele eine wirksame Kombination. 18 Monate später war der Großteil des Übergewichts verschwunden.

Das wirklich Spannende an der Low-Carb-Erfahrung war jedoch, dass ich, während all der Zeit des Gewichtsverlustes, nicht wirklich etwas entbehrte oder mich gar nach Nahrungsmitteln verzehrt habe, die ich für mein Leben gerne gehabt hätte. Nein. Es war gut, so wie es war. Kein Darben oder Leiden. Und das inmitten einer »Diät«? Eigentlich undenkbar.

Low-Carb ist absolut mein Ding und passt zu mir. Warum sollte ich daran in der Zukunft etwas ändern? Ich blieb also der Low-Carb-Ernährung treu. Gemüse, Gemüse, Gemüse wurde mein Mantra, und ich habe es bis heute nicht bereut.

Am Ende habe ich mein Ziel, mich zu halbieren, nicht ganz geschafft. Mit 132 Kilogramm gestartet, fühlte ich mich mit etwa 75 Kilogramm, plus/minus einer natürlichen Schwankung, optimal. Ich musste anerkennen, dass Ziele sich manchmal verändern, und dass das Wohlfühlgewicht viel mehr wert ist, als verbissen an einem nur im Kopf festgesetzten »perfekten« Gewicht zu arbeiten.

Vielleicht ist es auch ein Vorteil, dass ich kein ganz junger Hüpfer mehr bin und das eine oder andere Kilo dadurch etwas gelassener sehe. Am Ende wollte ich keine optische Ziege werden, der ich unter 70 Kilo leider immer ähnlicher wurde, sondern ein klein wenig Fett unter den Falten lassen. Das steht mir nämlich ganz gut.

Zudem habe ich die Erkenntnis gewonnen, dass Schlanksein per se nicht unbedingt automatisch glücklich macht. Aber in mein schlankeres Ich passte auf einmal wieder viel mehr Leben als früher, und die neu erlangte Lebensqualität machte mich happy. Dazu ist die schlankere Figur natürlich besser für die Gesundheit. Doch das wissen Sie ja selbst.

Meine zuvor beruflich belastende Situation habe ich mit der neu gewonnenen Energie hinter mir gelassen, habe mein Herz in die Hand genommen und begann, Träume zu verwirklichen. Auf meine »alten« Tage wurde ich nochmal abenteuerlustig.

Ein Abenteuer ist mein Blog »HappyCarb.de«, den ich im August 2014 als Hobby begonnen habe zu schreiben. Meine Leidenschaften, das Schreiben und Kochen, zu vereinen, macht mich richtig glücklich und nicht nur mich, sondern auch immer mehr meiner tollen Leser/innen.

So folgten die Happy-Carb-Bücher, in denen Sie mehr zu mir und meinem Weg und natürlich noch viel mehr Rezepte finden können. Manchmal braucht es nur einen Schubs, um dem eigenen Leben eine neue Wendung zu geben. Ein großer Teil meines Schubses kam aus der Umstellung meiner Ernährung auf Low- Carb. Für mich ein echter Volltreffer, der mein Leben nachhaltig verändert hat!

Nachher

www.happycarb.de

Wie, was und warum überhaupt Low-Carb?

3. WIE, WAS UND WARUM ÜBERHAUPT LOW-CARB?

Wenn dies Ihr erster Kontakt mit der Low-Carb-Ernährung, ist so will ich Ihnen zumindest einige Informationen bieten, womit Sie es zu tun haben und warum ich so begeistert von dieser Ernährungsform bin. Wenn ich schreibe Ernährungsform, dann tue ich das ganz bewusst, denn Low-Carb ist keine klassische, zeitlich begrenzte Reduktionsdiät, sondern eine langfristige Ernährungsweise mit dem Ziel, die Zufuhr der Nährstoffe (Eiweiß, Fett und Kohlenhydrate) so aufzuteilen, um in die Gunst der positiven Effekte der kohlenhydratreduzierten Kost zu kommen.

Low-Carb bedeutet als Oberbegriff lediglich, dass der Anteil der Kohlenhydrate in der Ernährung reduziert wird. Das kann in unterschiedlichem Umfang geschehen, denn das Kohlenhydratfenster bewegt sich Low-Carb in einem Rahmen von 20 bis 150 Gramm pro Tag. Dementsprechend verschieden kann sich auch der Speiseplan zusammensetzen. Sie werden also häufig auf Menschen treffen, die Low-Carb anders interpretieren als Sie selbst. Man kann das sehr streng tun oder eben moderat. Haferkleie oder nicht Haferkleie, Erbsen oder keine Erbsen ist da häufig die Frage. Wie viele Kohlenhydrate verzehrt werden, hängt von den persönlichen Bedürfnissen und Vorstellungen ab, und gelegentlich sprechen auch medizinische Gründe für sehr viel weniger Kohlenhydrate in der Nahrung.

Entscheiden Sie für sich, was Ihnen gut tut und schmeckt. Es gibt kein allgemeingültiges Low-Carb-Gesetz, an das Sie sich halten müssen.

Warum denn nun Low-Carb?

Was alle Low-Carber eint, ist die Reduzierung der Kohlenhydrate, und das aus gutem Grund.

Wir haben uns mit unserer modernen Ernährung von unserem genetischen Erbe entfernt. Klingt fürchterlich, oder? Aber es ist so. Als unser Stoffwechsel »eingestellt« wurde, herrschten ganz andere Bedingungen als heute. Wir waren der Natur ausgeliefert. Es gab gute Zeiten mit viel Nahrung und es gab Zeiten, da ist einem jeder Hirsch davongelaufen. Mal gab die Natur Beeren, Nüsse und mehr. Dann war wieder Ebbe und die angefutterten Reserven wurden herangezogen.

Kohlenhydrate, ein perfekter Energiespender, wurden früher bei körperlicher Betätigung direkt in Energie umgewandelt, und die kleinen Teufelchen hatten zumeist keine Gelegenheit, in die Fettspeicher zu wandern. Weniger Angebot an Kohlenhydraten insgesamt und viel mehr Bewegung hielten das Gleichgewicht.

Nun, heute, steht uns immer und überall Essen zur Verfügung. Dazu überwiegend in Form von schnell ins Blut wandernden Kohlenhydraten, die dann wiederum nicht als Energie verbrannt werden, weil die dazu notwendige körperliche Betätigung fehlt, sondern sich umgewandelt in Fett auf unseren Hüften wiederfinden.

Erschwerend kommt hinzu, dass die schnellen Kohlenhydrate richtige Hungertreiber sind. Zucker und Co. treiben den Blutzucker in die Höhe. Je nach Zusammensetzung der Kohlenhydrate geht das richtig fix. Die Bauchspeicheldrüse schickt zur Rettung Insulin ins Rennen, um den gefährlichen Zucker aus dem Blut in die Zellen zu schaffen. Wo viel Insulin unterwegs ist, geht der Blutzucker häufig tiefer als gewünscht, und dieser ungemütliche Zustand wird von unserem zuckerhungrigen Gehirn als Notstand wahrgenommen. Ruckzuck wird erneut Heißhunger auf Kohlenhydrate signalisiert.

So kann man sich im Zwei- bis Dreistundentakt mit einer Menge Kohlenhydraten und vielen Kalorien den Hintern dick und die Bauchspeicheldrüse kaputtessen.

Woher ich das weiß?

Blöderweise habe ich genau das gemacht, und am Ende stand die Diagnose meiner Diabetes-Typ-2-Erkrankung. Genau hier setzt die Low-Carb-Ernährung an. Weniger Kohlenhydrate in der Nahrung bedeuten:

- weniger zickzack des Blutzuckers, bedeutet
- weniger Insulin im Blut, bedeutet
- weniger Heißhunger und das bedeutet
- weniger gegessene Kalorien
- und damit ein stabiles bzw. weniger Körpergewicht.

Low-Carb ist demnach eine stoffwechselgesunde Ernährungsweise, die unserer modernen »unbewegteren« Lebensweise besser entspricht.

Keine Angst, Sie werden keine Hungerattacken erleiden müssen und auch keine Schwächeanfälle. Unser Körper ist ein tolles Gerät und kommt mit weniger Kohlenhydraten sehr gut zurecht. Es bedarf nur einer Umstellungsphase, in der die zuckergewohnten Zellen erst einmal ordentlich meckern und Schwäche demonstrieren. Bleiben Sie stark, denn es gibt neben den Kohlenhydraten noch andere Energieträger, und wenn Sie erst mal wieder besser das Fett in der Nahrung und die Fettreserven Ihres Körpers verbrennen können, haben Sie direkten Zugang zu den meist in ausreichender Menge gefüllten Fettspeichern, ohne kohlenhydratverursachte Heißhungerattacken aushalten zu müssen.

Vorteile über Vorteile und wenige Vorurteile!

Ein Vorurteil der Low-Carb-Ernährung ist, dass »nur« Fleisch gegessen würde. Vergessen Sie das bitte schnell. Das Ziel von Low-Carb ist der Austausch von nährstoffarmen, kohlenhydratreichen Lebensmitteln, die den Körper müde und dick machen, gegen nährstoffreiche Lebensmittel, die den Körper mit allem versorgen, was er braucht. Fettsäuren, Aminosäuren, Vitamine und Mineralstoffe stecken in den Lebensmitteln der Low-Carb-Ernährung und nicht toter Zucker in unterschiedlichster Gestalt. Nährstoffreiche Lebensmittel sättigen nachhaltig. Es geht nie nur alleine um Kalorien, sondern immer auch darum, was das, was wir essen, für unseren Körper tut.

Gemüse, Gemüse, Gemüse ist die Basis einer wohlformulierten Low-Carb-Ernährung, immer in Kombination mit wertvollem Eiweiß und gesunden Fetten. Ich wollte auch noch reichlich Genuss, und so entwickelte ich mein Happy-Carb-Prinzip nach meinen persönlichen Bedürfnissen.

Mein Happy-Carb-Prinzip

4. MEIN HAPPY-CARB-PRINZIP

Als ich mich mit den unterschiedlichen Low-Carb-Varianten beschäftigt habe, hat mir überall etwas zugesagt, und anderes fand ich blöd. Also habe ich mir meine eigenen Regeln gemacht, mit denen ich erfolgreich abgenommen und gleichzeitig meine Diabetes-Typ-2-Erkrankung in die Schranken gewiesen habe.

Bunt, gesund und sehr flexibel. So funktioniert Happy Carb:

Kohlenhydrate auf eine Menge von 50 bis 100 Gramm pro Tag einschränken.

Bevorzugt essen: Reichlich buntes Gemüse und Salat, gelegentlich Hülsenfrüchte wie Linsen, Bohnen und Kichererbsen, zuckerarmes Obst in kleinen Mengen, Haferkleie und daraus hergestellte Backwaren.

Vermeiden zu essen: Getreideprodukte, Weizen, Dinkel, Roggen, Hafer (außer meiner geliebten Haferkleie), Nudeln, Backwaren, Reis, Kartoffeln, Mais, verschiedene Zucker/-arten (enden mit -ose), Bananen, Trauben, Trockenobst, Süßigkeiten und ewig haltbare Fertiggerichte mit langen Zutatenlisten.

Eiweiß reichlich essen, in einer Menge von 1 bis 1,5 Gramm Eiweiß pro Kilogramm Normalgewicht (Körpergröße in Zentimeter - 100).

Das Eiweiß in Form von »magerem« Fleisch (auf das Fett zumindest während der Abnehmphase wegen der eingeschränkten Energiezufuhr achten) und jeder Sorte Fisch (dabei regelmäßig fetten Fisch wegen der Omega-3-Fettsäuren) verzehren. Milchprodukte so fett, wie es der gute Geschmack erfordert. Finger weg von Light-Produkten. Gerne Eier, und auch ein hochwertiges Eiweißpulver als Zutat in der Küche erhöht die Zufuhr an gesundem Eiweiß. Keine Angst davor.

Gute Fette genießen, ca. 1 bis 1,5 Gramm pro Kilogramm Normalgewicht (Körpergröße in Zentimeter - 100).

Bevorzugen:
Olivenöl, Kokosöl (Kokosprodukte), Avocados, Butter aus Weidemilch Nüsse - besonders Macadamias - und Nussöle, natives Bio-Rapsöl, Leinöl.

Reduzieren:
Sonnenblumenöl, Sojaöl, Maiskeimöl, Distelöl, Traubenkernöl.

Vermeiden:
Transfette und industriell verarbeitete gehärtete Fette, die häufig in Fertigprodukten vorkommen.

Sie sehen schon anhand der Bandbreiten bei den Makronährstoffen, dass genügend Spielraum da ist, die Ernährung abwechslungsreich und bunt zu gestalten. Kein Tag muss wie der andere aussehen. Eine bunte Palette von Lebensmitteln kann in den Speiseplan integriert werden.

Auch können Sie über die Stellschrauben Kohlenhydrate und Fett die Kalorienzufuhr in Richtung Gewichtsverlust oder eben auch in Richtung Gewichtserhaltung drehen.

Mir war einfach wichtig, dass die Ernährung durch die Einhaltung dieser schlichten Regeln sich automatisch sinnvoll gestaltet, ohne dass ich mich selbst mit ständigem Überwachen der Nährwerte und der Energiezufuhr terrorisieren musste. Das Leben bietet doch schönere Dinge, als das eigene Dasein permanent zu überwachen und zu optimieren.

Genuss steht bei Happy Carb ganz hoch im Kurs. Unabhängig davon, ob daheim gegessen wird oder unterwegs. Schmecken muss es überall und dazu auch noch happy machen. Weniger würde meinem Anspruch nicht gerecht werden.

Auch heute esse ich noch für mein Leben gerne und mit großer Freude. Nur eben etwas anders und, nach meinem Empfinden, besser als jemals zuvor. Gewusst wie und Happy Carb ist mein Schlüssel dazu.

Warum selbst
machen besser ist

5. WARUM SELBST MACHEN BESSER IST

Wir bestehen aus etwa 70 Billionen Körperzellen. In jeder dieser Körperzellen laufen pro Sekunde etwa 100.000 Stoffwechselvorgänge ab. Das ist wirklich gewaltig. Damit die »Maschine« Mensch optimal funktioniert und es zu keinen Störungen oder Leistungseinbußen kommt, braucht es eine Vielzahl von Bau-, Hilfs- und Betriebsstoffen, die wir aus unserer Nahrung ziehen.

Seelische und körperliche Gesundheit hat ganz viel auch mit der optimalen Versorgung mit Nährstoffen zu tun. Von Fettsäuren über Aminosäuren bis hin zu Vitaminen, Mineralstoffen und Spurenelementen. Unser Leben basiert auf diesen Stoffen, und der Entzug oder die Unterversorgung haben gravierende Konsequenzen. Ob Sie sich fit und leistungsfähig fühlen oder wie ein nasser Sack am Arbeitsplatz den Feierabend herbeisehnen, ist zu einem guten Teil auch über die Nahrung steuerbar.

Und »nur« ein voller Bauch ist noch kein Garant dafür, dass Ihr Körper auch das bekommen hat, was er braucht. Fehlen Nährstoffe, hungert die Zelle und die Energiegewinnung wird gestört. Multiplizieren Sie das mit 70 Billionen und Sie verstehen, was ich mit nassem Sack gemeint habe.

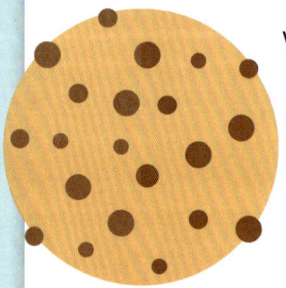

Wir brauchen permanent Energie. Nicht nur in den wirklich körperlich harten Jobs, sondern auch Schreibtischtäter haben einen extrem hohen Energiebedarf. Je mehr unser Gehirn beansprucht wird, desto mehr Energie verbraucht es.

Probleme wälzen ist echte Schwerstarbeit.

Gerade in der Arbeitswelt, wo der Stresspegel meist dauerhaft hoch ist, braucht es sogar noch mehr von den gesunden Stoffen, denn der Bedarf an Nährstoffen ist in Belastungsphasen erhöht. Und wie essen wir am liebsten, wenn wir unter Stress sind? Es sind leider nicht die gesunden Dinge, die uns da in den Mund fliegen, sondern wir greifen bevorzugt zu schnell verfügbaren Snacks und Mahlzeiten, die ohne Aufwand und ohne zusätzlichen Stress verfügbar sind. Grund genug, sich mit der Ernährung unterwegs auseinanderzusetzen, um nicht immer wieder in diese Falle zu laufen.

Mehr Power unterwegs.

Auch wenn ich heute als Autorin von meiner heimatlichen Wohnung aus arbeite, ist es noch nicht so lange her, dass ich tagtäglich das Haus verlassen habe. Als Personalleiterin war ich eine klassische Schreibtischtäterin, jedoch mit vielen Dienstreisen, die meist aber nicht länger waren als ein Tag. Ich habe also reichlich Erfahrung im unterwegs Essen.

Auf meinem früheren Weg zur Arbeit habe ich gerne beim Bäcker um die Ecke Halt gemacht. Mein Lieblingsfrühstück war eine Schokomaus, gerne auch zwei, denn die Viecher, aus Hefeteig und Schokolade, brachten fast keine Sättigung. Das war dann also mein Frühstück. Ein Berg Kohlenhydrate zur zackigen Energieversorgung, als wollte ich gleich drei Stunden in einem Bergwerk arbeiten. Dazu hatte die süße Maus minimal Eiweiß, obwohl gerade das der Körper um die Uhrzeit dringend gebraucht hätte. Wenn wir schlafen, regeneriert sich der Körper. Dabei wird repariert und gebaut, entsorgt und gesäubert. Der Baustoff der ersten Wahl ist dafür das Eiweiß. In der Früh ist es dann also höchste

Eisenbahn die Eiweißspeicher aufzuladen. Aber woher nehmen, wenn im Frühstück Eiweiß Mangelware ist?

Ein wenig Fett aus der Schokolade war auch in der Bäckermaus. Sind wir ehrlich, es ist nicht die Fettqualität gewesen, die meinen Körper wirklich in eine gute Stimmung versetzt hätte. Vitamine und Co.? Fehlanzeige! Der Körper schreit nach Quark mit Leinöl und einigen Beeren, und bekommen hat er zwei Schokomäuse ohne Nährstoffe, nur einen aufjaulenden Blutzuckerspiegel gab es obendrauf.

Da wunderte ich mich, dass ich am Arbeitsplatz oft entnervt und unkonzentriert war? Nicht immer war das die Schuld des Chefs, sondern es mangelte mir schlicht und ergreifend an Nährstoffen, die es braucht, um leistungsfähig zu sein und gesund zu bleiben. Natürlich nutzt der Körper die Kohlenhydrate als Energiequelle, und auch das Gehirn freut sich über den vielen Zucker, aber das war es auch schon. Glückspendende Aminosäuren, die aus Eiweißbausteinen gemacht und für die Entwicklung wichtiger Neurotransmitter gebraucht werden, gesunde Fette, die auch als »Gehirnschmiere« fungieren, fehlten komplett, und der Zuckerhype im Belohnungszentrum des Gehirns reichte nicht lange für echte Freude aus. Ratzfatz ist die gezuckerte Euphorie wieder im Keller und Heißhunger und Katzenjammer die Folge.

Viel nährstoffreicher ging der Tag früher bei mir auch nicht weiter.

Für die Mittagspause habe ich mir beim Bäcker auch gleich noch zwei Schinken-Käse-Laugenstangen oder zwei belegte Salamibrötchen mitgenommen. Sie kennen vielleicht die leckeren belegten Brötchen. Knusprig aus weißem Mehl, mit fetter süßlicher Remouladensoße bestrichen. Dann ein halbes Blatt verwelkter Salat und eine hauchdünne Scheibe Tomate und Gurke. Der »gesunde« Anteil darf ja nicht fehlen. Nun noch eine billige Salami, und fertig ist der Schmaus, der für den Körper eher ein Graus ist. Eine Menge Kalorien und fast nichts Gutes dahinter. Es gibt sicher auch löbliche Ausnahmen, aber am Ende ist nichts so gut und lecker, wie selbst gemacht.

Da weiß man eben, was drin ist und kann sich sicher sein, dass die körpereigenen Zellen ordentlich versorgt werden.

Ich mag heute übrigens auch immer noch die Sachen, die ich mir damals gekauft habe. Nur meine Schokomäuse bestehen heute aus Haferkleie-Eiweiß-Schokobrötchen (Rezept Seite 89). Damit versorge ich meinen Körper zum Start in den Tag mit einer guten Portion Eiweiß aus unterschiedlichen Quellen. Die im Brötchen enthaltende Haferkleie sättigt extrem lange und bringt neben wertvollen B-Vitaminen auch noch gesunde Ballaststoffe ins Spiel. Das Fett aus der Kokosnuss ist leicht verdaulich, belastet nicht und kurbelt den Stoffwechsel an. Der Verzicht auf Haushaltszucker hält den Blutzuckerspiegel im Zaum und verhindert Insulinspitzen und Heißhungerattacken. Da kann man sich prima auf die Arbeit konzentrieren oder was einem sonst wichtig ist.

Ob belegtes Brötchen, bunter Salat oder was auch immer. Alles kann in unterschiedlichen Qualitäten gekauft oder selbst hergestellt werden. Entweder den Körper ermüdend oder den Körper aktivierend. Mein Ziel hier im Buch ist Ihnen Möglichkeiten zu zeigen, wie Sie unterwegs Mahlzeiten zu sich nehmen können, die Lust auf mehr machen und schmecken, ohne dass Sie sich damit gleichzeitig Ihren Energiestecker ziehen.

Gemüse, Gemüse, Gemüse ist das Happy-Carb-Mantra, auch unterwegs!

Um eine gute Mischung an Nährstoffen hinzubekommen, geht nichts an buntem Gemüse vorbei, was bei einer wohlformulierten Low-Carb-Ernährung stets im Mittelpunkt stehen sollte. Also wundern Sie sich nicht, wenn auf einmal im Brötchen geraspelte Petersilienwurzeln verbacken wurden oder der Teig für den Roll-up Sandwich Karotte enthält.

Das ist volle Absicht und ich will nur Ihr Bestes!

So oft es geht, versuche ich, reichlich Gemüse in die Mahlzeit zu integrieren. Und wo das nicht klappt, setze ich immer auf eine ordentliche Portion Eiweiß in Verbindung mit gesunden Fetten. Alles in wohldosierter Mischung, ohne dass einem die Nüsse oder was auch immer aus den Ohren rauskommen. Denken Sie immer daran: Das zuckrige Hefeteilchen oder auch das belegte Weizenbrötchen tun nichts für Ihre Körperzellen oder Ihren Energiehaushalt. Es sei denn, Sie wollten anschließend einen Marathon laufen.

Dann nehme ich alles zurück und tue Buße.

Übrigens tut nicht nur gesundes Essen in der Pause gut, sondern auch etwas Bewegung bringt uns wieder in Schwung. Einige Schritte an der frischen Luft, etwas Recken und Strecken und ordentlich Durchatmen machen aus einer guten Pause eine fast perfekte Pause.

Wenn dann noch ein Nickerchen gehen würde, aber bleiben wir realistisch.

Kommen wir zu einem leidigen Thema. Selber mitnehmen bedeutet nämlich in der Regel auch, selber machen. Es sei denn, Sie hätten einige Heinzel-
männchen daheim. Wenn dem so sein sollte und welche übrig sind. Immer
her damit. Ich nehme Ihnen gerne welche ab.

Organisation ist unterwegs alles

6. ORGANISATION IST UNTERWEGS ALLES

So lecker und gesund wie daheim wird es nur, wenn wir woanders auch daheim hergestellte Mahlzeiten verzehren. Natürlich gelingt das nicht immer perfekt, denn Essen unterwegs ringt einem auch den einen oder anderen Kompromiss ab. Aber mit meinen bunten Ideen bekommen Sie selbst in der entlegensten Einöde mehr Nährstoffe, als Ihnen der Bäcker um die Ecke einpacken kann.

Klingt nach total viel Arbeit und Aufwand?

Gut, ganz ohne etwas mehr Einsatz als früher geht es wohl wirklich nicht. Aber mit einigen Kniffen klappt das trotzdem sehr gut. Dazu gibt es heute eine Vielzahl von Behältnissen, die es ermöglichen, fast alles einzupacken und mitzunehmen.

Happy Carb to go Tipps:

- Ob Schokoladenbrötchen oder Sandwichbrötchen! Vorbacken und Einfrieren spart Aufwand und Zeit.

- Einmal wöchentlich eine Planung machen, um Einkaufen und Kochen effizienter zu organisieren.

- Die Wochenendküche so auswählen, dass immer für Montag und vielleicht auch Dienstag Reste zum Aufwärmen übrigbleiben. Manches Gericht, zum Beispiel ein Blumisotto, schmeckt übrigens auch kalt hervorragend.

- Salate auswählen, die Gemüse als Basis haben und die eine Lagerung im Kühlschrank, auch über zwei Tage, nicht übelnehmen. Blattsalate sind da eingeschränkter und wollen schnell verzehrt werden.

- Den Vorabend für die Vorbereitung nutzen. Alles kleinschneiden, dann nur noch auf die Schnelle fertigstellen und frisch gemacht mitnehmen.

- Marinaden und Soßen für mehrere Tage auf einen Schlag vorbereiten.

- Pausengemeinschaften bilden. Wie wäre es, wenn die liebste Kollegin und Sie sich beim Mitbringen von leckeren und gesunden Pausenmahlzeiten abwechseln?

- Kantine vorhanden? Sprechen Sie mit dem Küchenchef in Sachen Alternativen mit weniger Zucker und mehr Nährstoffen. Gesündere Ernährung und fitteres Personal liegen den Unternehmern am Herzen. Das darf sich auch in den Kantinen widerspiegeln. Ideen der Mitarbeiter werden häufig gerne aufgegriffen.

Tipps im Umgang mit dem Essen für unterwegs:

- Darauf achten, dass geeignete Behälter verwendet werden. Insbesondere die Dichtigkeit ist häufig eine Hürde, und manchmal ist es eine gute Entscheidung, den Suppenbehälter in der Tasche zusätzlich mit einer Tüte zu sichern.

- Getoastete Brote und Brötchen besser in Brotpapier wickeln oder in eine Plastikbox geben. Frischhaltefolie macht sie knatschig.

- Warme Speisen, die aufgewärmt werden sollen, richtig ausgekühlt in den Mitnehmbehälter geben. Dadurch lässt sich unschönes Kondenswasser verhindern.

- Für warmes mitgebrachtes Essen in der Pause einen Thermobehälter einsetzen. Den Behälter vor dem Befüllen mit warmen Wasser vorwärmen und erst dann das Essen richtig heiß einfüllen.

Wo rein mit all den Leckereien?

Die Auswahl an Lunchboxen, Tüten, Behältern, Plastikdosen, Warmhaltebehältern ist gigantisch. In fast jedem Haushalt gibt es auch schon eine reiche Auswahl an Behältern, die häufig kaum noch in die vorhandenen Schränke passen. Es wird Zeit, diese endlich alle zum Einsatz zu bringen.

Schwelgen Sie im Pausenbehälter-Schlaraffenland. Geht nicht mitzunehmen gibt es nicht.

Plastikdosen

Die Alleskönner, die es in allen Größen, Farben und Formen gibt. Für jeden Zweck gibt es den richtigen Behälter. Es gibt ganze Unternehmen, die sich auf Plastikbehälter konzentriert haben. Ob nur zum Einpacken und Mitnehmen oder zum Einfrieren, Aufbewahren und dann in der Mikrowelle erwärmen. Nicht jeder Behälter ist für jede Anwendung geeignet, aber mit einer guten Mischung an Plastikdosen kommt man ziemlich weit.

Beim Neukauf von Kunststoffbehältern unbedingt die Nase einschalten. Wenn ein Behälter schon vor dem Kauf einen chemischen Geruch aus- strömt, dann ist die Wahrscheinlichkeit hoch, dass Weichmacher enthalten sind. »Hören« Sie auf die Nase und entscheiden Sie sich für eine andere Brotdose. Neben dem Klassiker Plastik, gibt es inzwischen auch eine Viel- zahl von alternativen Materialien, denken Sie an Edelstahl, Weißblech oder sogar Holz und Bambus. Es gibt also keine Ausrede, die Ihnen eine Lunch- box erspart.

Thermobehälter
Perfekt für warme oder auch kalte Gerichte. Die heiße Suppe bleibt in den entsprechenden Behältern für Stunden warm. Auf Reisen sind die größe- ren Behälter auch perfekt, um einen Salat kühl zu transportieren, ohne dass Frische und Vitamine verloren gehen. Vorgekühlt oder vorgewärmt halten die Behälter die gewünschte Temperatur länger.

Frühstücksbeutel aus Papier oder Plastik
Sehr praktisch, wenn nach dem Essen kein »Geschirr« bleiben soll, oder nur ein kleiner Snack in der Handtasche mitgenommen wird. Mein Favorit auf Zugfahrten, und selbst im Kino packe ich mein eigenes Tütchen – mangels guter Alternativen – mit Knabbereien aus. Was die Popcornkönige können, kann ich doch schon lange, nur besser.

Folien
In fast jedem Haushalt finden sich Frischhaltefolie und auch Alufolie. Alu- folie eignet sich gut für Kuchen, Gebäck und auch belegte Brötchen. Die Folien geben Halt und sorgen dafür, dass mitgenommene Mahlzeiten »in Form« bleiben. Manchmal lohnt auch eine Fixierung mit Frischhaltefolie, bevor eine Leckerei in der Lunchbox landet.

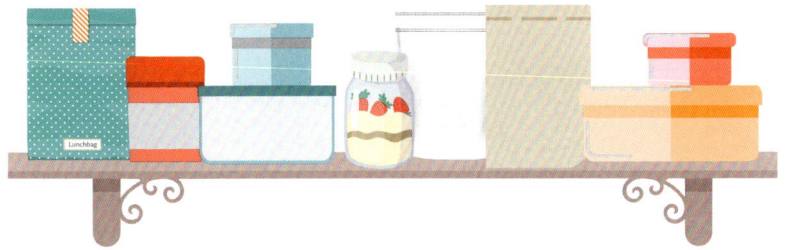

Schraubgläser

Meine Favoriten sind alte Schraubgläser. Weniger Plastik, extrem kostengünstig und die praktische Mehrfachverwendung sind unschlagbare Argumente. Die Gläser sind ja eh meistens da, werden nur viel zu schnell weggeworfen. Ob alte Senf- oder Gurkengläser. Gereinigt sind diese sehr gut als Behälter einzusetzen. Ob für Salatdressing oder als Suppentasse. Glas verträgt es auch gut, mit heißem Wasser aufgegossen zu werden. Immer eine Auswahl von unterschiedlich großen Gläsern im Haus zu haben, schadet nie.

Lunchbags

Perfekt, um verschiedene kleinere Behälter unterzubringen. So ist dann die Pausenmahlzeit auf einen Schnapper griffbereit, und es fliegen keine einzelnen Dosen in der Tasche herum. Lunchbags gibt es in unterschiedlichen Größen und zum Teil auch isoliert, wenn vor Wärme oder Kälte geschützt werden soll. Gerade im Sommer macht es Sinn, einen Kühlakku mit in die Lunchbag zu geben. Profis wie Außendienstler haben häufig sogar ausgewachsene Kühlboxen dabei, damit Getränke und Mahlzeiten unterwegs wohltemperiert bleiben.

Ich hoffe, ich konnte Sie davon überzeugen, dass jede Pausenmahlzeit ihren passenden Behälter finden kann. Nun wird es Zeit, alle Behältnisse mit Pausenfutter zu füllen. Viel Spaß dabei. Ich wünsche Ihnen auf jeden Fall 70 Billionen happy Körperzellen.

44 Low-Carb-Rezepte für unterwegs

Lunchbag

7. 44 LOW-CARB-REZEPTE FÜR UNTERWEGS

Süße Leckereien für späte Frühstücker

Manchmal muss das Essen einfach warm sein!

Lauter Sachen für die Lunchbox

Laugenstangen, Pizzabrötchen und Co.

Rundum sorglos satt Salate

Powersnacks! Aus der Hand direkt in den Mund

Bitte beachten Sie, dass sich die Rezepte immer auf eine unterschiedliche Anzahl von Portionen/Personen beziehen. Die genaue Information finden Sie direkt bei jedem einzelnen Rezept.

Alle Rezepte sind mit Nährwertangaben versehen. Basis der Berechnung sind die von mir tatsächlich verwendeten Zutaten. Abweichungen und Fehler sind trotz aller Sorgfalt nicht ausgeschlossen.

8. Süße Leckereien für späte Frühstücker

Viele Menschen bekommen früh am Tag noch nicht wirklich ein üppiges Frühstück in den Bauch. Um sechs Uhr frühstücken? Ufff. Geht mir ähnlich. Zwei Tassen Kaffee reichen, um für den Tag in Fahrt zu kommen. Das Frühstück ist für mich daher die Mahlzeit, auf die ich am ehesten verzichten kann. Wenn Frühstück, dann bitte nicht vor neun oder zehn Uhr.

Blöderweise ist man häufig zur persönlich favorisierten Frühstückszeit nur selten noch daheim, sondern bereits am Arbeitsplatz, unterwegs im Auto oder sitzt in der Schule, Uni oder bei anderen Terminen und Aktivitäten.

Das Frühstück ist übrigens die Mahlzeit, wo am ehesten süß gegessen wird. Deshalb hier nun einige süße Ideen für die späten Frühstücker. Liebhaber des herzhaften Frühstücks kommen später zum Zug, wenn es um Laugenstangen und Co. gehen wird.

Lunchbag

Haferkleie-Eiweiß-Schokobrötchen

5 Brötchen

200 ml Kokosmilch
1 Ei, Größe L
65 g Haferkleie
50 g Eiweißpulver, Schokolade
25 g Kokosmehl
25 g Erythrit
50 g Xylit-Schokodrops
1/2 TL Guarkernmehl

Den Backofen auf 175 Grad Umluft vorheizen.

Alle Zutaten auf einen Schlag mischen, und dann mit feuchten Händen fünf Brötchen formen. Auf einem Backblech mit Backpapier für 30 Minuten backen.

Ein leckerer Start in den Tag ist garantiert ...

Die Brötchen im Kühlschrank aufbewahren. Schmecken, wenn sie nach dem Kühlschrank aufgetoastet und mitgenommen werden, wie frisch gebacken.

Nährwerte pro Brötchen:
Kalorien: 248, Fett: 15,8 g, Kohlenhydrate: 10,1 g, Eiweiß: 13,6 g

Apfel-Mandel-Quarkteilchen

5 Teilchen

250 g Quark, 20% Fett
3 Eier, Größe M
50 g Eiweißpulver, Vanille
50 g Kokosmehl
50 g Mandeln, gehackt
65 g Erythrit
1 TL Backpulver
1/2 TL Guarkernmehl
150 g Apfel (Boskop), in 15
Spalten geschnitten

Den Backofen vorheizen auf
175 Grad Umluft.

Alle Bestandteile (außer dem Apfel) auf einen
Schlag zu einem Teig verrühren. Mit einem großen Löffel von der Masse
abstechen und fünf Fladen auf das Blech mit Backpapier geben. Auf dem
Teig fächerartig die Apfelspalten verteilen. Für 25–30 Minuten backen und
auskühlen lassen. Im Kühlschrank aufbewahren und am Tag des Verzehrs
vor dem Mitnehmen auftoasten.

Nährwerte pro Teilchen:
Kalorien: 240, Fett: 12,3 g, Kohlenhydrate: 7,3 g, Eiweiß: 21,0 g

Beim Bäcker orderte ich früher
gerne ein »Apfelstückchen« …

Erdnuss-Karamell-Müsliriegel

8 Stück

100 g Haferkleie
50 g Eiweißpulver, Vanille
50 g Erythrit
50 g Kokosraspel
125 ml Karamell-Sirup, zuckerfrei
75 g Erdnussmus
50 g Erdnüsse, gehackt
1 TL Kakaopulver
50 g Xylit-Milchschokolade,
gehackt

Den Backofen auf 120 Grad Umluft vorheizen.

Alle Zutaten zu einem festen Teig vermischen und in eine eckige Form streichen, die mit Backpapier ausgelegt ist. Der Teig sollte etwa 2–3 cm hoch sein. Die Form für 45 Minuten in den Ofen stellen. Als Nächstes die gehackte Schokolade auf dem Boden verteilen und erneut für 15 Minuten in den Ofen stellen. Anschließend lauwarm in Riegel schneiden und auskühlen lassen.

Nährwerte pro Riegel:
Kalorien: 242, Fett: 15,2 g, Kohlenhydrate: 11,8 g, Eiweiß: 12,3 g

Wenn du hungrig wirst, musst du nicht zur Diva werden ...

Low-Carb-Milchschnitten

12 Milchschnitten

Für den Schokoladenteig
35 g Kokosmehl
40 g Mandelmehl, entölt
50 g Eiweißpulver, Schokolade
20 g Kakaopulver
2 TL Backpulver
75 g Butter, geschmolzen, lauwarm
3 Eier, Größe M
75 g Erythrit
3 TL Stevia-Streupulver mit Erythrit
150 ml Milch

Für die sahnige Füllung
250 g Sahne
150 g Frischkäse
35 g Eiweißpulver, Vanille
2 TL Stevia-Streupulver mit Erythrit
10 g Kokosblütenzucker (alternativ ein weiterer TL Stevia-Streupulver mit Erythrit)

Den Backofen auf 175 Grad Umluft vorheizen.

Die trockenen Zutaten (Mehle, Kakao) in einer Schüssel abwiegen und gut mischen. Die Butter mit den Eiern und den Süßmitteln in einer Rührschüssel mit einem Handrührgerät oder Küchenmaschine aufschlagen.

Nun esslöffelweise die trockene Mischung und die Milch unterrühren. Den Teig in eine flache eckige Form geben (meine hatte 30 x 30 cm) und für 20 Minuten backen.

Die Sahne steif rühren und darunter dann den Frischkäse und die trockenen Zutaten schlagen. Funktioniert alles mit dem Schneebesen der Küchenmaschine oder dem Handrührgerät.

Den erkalteten Schokoboden halbieren und die Creme auf die eine Hälfte streichen. Die zweite Hälfte auf die Creme legen und in Schnitten schneiden. Im Kühlschrank aufbewahren. Die Milchschnitte ist, wie die echte auch, eine Süßigkeit. Aber perfekt, um im Büro bei einem Kuchenbuffet auf dicke Hose zu machen. Halten Sie mindestens eine Milchschnitte gut fest, sonst bekommen Sie nämlich selbst keine mehr.

Nährwerte pro Milchschnitte:
Kalorien: 223, Fett: 17,4 g, Kohlenhydrate: 3,6 g, Eiweiß: 11,5 g

Apfel-Zimt-Tassenkuchen mit Vanillejoghurt

Jetzt braucht es die Mikrowelle in der Büroküche ...

1 Portion

Für den Tassenkuchen:

40 ml Milch (findet sich in jeder Kaffeeküche)
1 Ei, Größe M
75 g Apfel (1/2), geschält, in kleine Würfel geschnitten
10 g Kokosmehl
5 g Eiweißpulver, Vanille
1 TL Stevia-Streupulver mit Erythrit
1/4 TL Backpulver
1/4 TL Zimt

Das Ei und den Apfel im Ganzen von daheim mitnehmen. Die trockenen Zutaten bereits vorgemischt in einer Dose oder kleinen Schraubglas einpacken.

Zur Zubereitung das Ei und die Milch mit einer Gabel verquirlen. Die trockenen Zutaten mischen und mit einem Schneebesen oder der Gabel unterrühren. Zum Schluss noch die Apfelstücke unter den Teig mischen. Alles in eine größere Bürotasse geben. Für 3,5 Minuten bei 600 Watt in die Mikrowelle damit. Anschließend direkt aus der Tasse genießen oder auf einen Teller geben und mit dem Vanillejoghurt essen.

Für den Vanillejoghurt:

75 g griechischer Joghurt, 10% Fett

7 g Eiweißpulver, Vanille

1 MSP gemahlene Bourbon-Vanille

1/2 TL Stevia-Streusüße mit Erythrit

Der Vanillejoghurt kann schon daheim mit einem Schneebesen angerührt werden und in einem Behälter mitgenommen werden. Einfach auf den Tassenkuchen geben.

Es lohnt, den Joghurt gleich in doppelter Menge anzurühren, ein halber Apfel ist ja schließlich auch übrig.

Nährwerte pro Portion:

Kalorien: 304, Fett: 14,8 g, Kohlenhydrate: 16,5 g, Eiweiß: 22,2 g

Happy to go Shake

1 Portion

150 ml Milch
100 ml Wasser
35 g Eiweißpulver, Schokolade
20 g Kokosraspel
15 g Himbeerpulver

Die trockenen Bestandteile sorgfältig mischen, damit keine Klümpchen mehr im Pulver sind. Die Mischung in einem Behälter mitnehmen.

In einen mitgebrachten Shaker die Milch und das Wasser geben und die trockene Mischung hinzufügen. Dann schütteln was das Zeug hält und die Creme in eine Schale geben. Zum Trinken ist der Shake etwas zu dick, dafür macht er richtig satt.

Nährwerte pro Portion:
Kalorien: 372, Fett: 17,1 g, Kohlenhydrate: 14,6 g, Eiweiß: 35,8 g

Shake it baby ...

9. Manchmal muss das Essen einfach warm sein!

Mitnehmen geht auch warm. Es gibt tolle isolierte Behälter, die das Essen bis zu sechs Stunden warmhalten. In unterschiedlichen Größen, schön mit Henkel und für die Mädchen auch »Pretty in Pink«. Grund genug, öfter in großen Mengen zu kochen und die Essensreste mitzunehmen. Gerade im Außendienst besser, als im Vorbeiflug Schnellrestaurants anzusteuern. Wenn sowieso im Auto gegessen wird, dann doch bitte gescheit und hausgemacht.

Glücklicherweise sind auch die meisten Kaffeeküchen in den Betrieben ziemlich gut ausgestattet. Eine Mikrowelle und einen Wasserkocher findet man fast immer vor, hin und wieder sogar einen voll funktionsfähigen Herd, um mitgebrachtes Essen aufzuwärmen. Persönlich habe ich keine Angst vor Mikrowellen und sehe dem durch Mikrowellen verursachten Weltuntergang relativ gelassen entgegen. Aber ich weiß, dass diese Ängste verbreitet sind. Wie immer finde ich, dass das jeder so halten sollte, wie es sich für ihn persönlich richtig anfühlt. Wohl bekomm´s!

Lunchbag

Mini-Kürbis mit scharfer Bacon-Erdnussfüllung

1 Portion

1 Mini-Gorgonzolakürbis oder Mikro-wellenkürbis von ca. 450 Gramm, den Deckel abgeschnitten und die Kerne und Fasern entfernt

Für die Füllung:
50 g Baconwürfel
30 g Erdnussmus
30 ml Sriracha-Soße, ohne Glutamat (Achtung scharf!)
Salz und Pfeffer

Die Zutaten für die Füllung mischen und in einem Behälter mitnehmen. Den Kürbis vorbereitet einpacken.

Den Kürbis mit locker aufgelegtem Deckel für 6 Minuten bei 600–700 Watt in der Mikrowelle erwärmen. Anschließend die würzige Mischung in den Bauch des Kürbisses füllen und für weitere 4 Minuten in der Mikro-welle erhitzen. Die Schale kann mitgegessen werden.

Nährwerte pro gefülltem Kürbis:
Kalorien: 450, Fett: 25,5 g, Kohlenhydrate: 36,4 g, Eiweiß: 22,1 g

Haselnuss-Brokkolisuppe mit Feta

3 Portionen

15 ml Olivenöl, nativ extra
85 g Zwiebel, gehackt
750 g Brokkoliröschen
750 ml Gemüsebrühe
150 g Feta, in Würfel geschnitten
50 g Haselnussmus
30 g Haselnüsse, gehackt
Salz und Pfeffer

Nussiger Bauchfüller und Seelenschmeichler ...

In einem größeren Topf das Olivenöl erwärmen und die Zwiebelwürfel glasig dünsten. Die Brokkoliröschen hinzufügen und dann mit der Gemüsebrühe ablöschen. Für 15 Minuten köcheln lassen. Anschließend den Feta zur Suppe geben. Alles gemeinsam mit dem Pürierstab pürieren. Nun das Haselnussmus und die gehackten Haselnüsse unterrühren und mit Salz und Pfeffer abschmecken.

Die Suppe portionsweise in einem geeigneten Behälter warm mitnehmen oder in der Pause in 3–4 Minuten in der Mikrowelle, bzw. auf dem Herd erwärmen.

Nährwerte pro Portion:
Kalorien: 460, Fett: 33,5 g, Kohlenhydrate: 13,0 g, Eiweiß: 21,9 g

Pastinaken-Apfel-Suppe mit Bacon

3 Portionen

10 ml Kokosöl

85 g Zwiebel, gewürfelt

400 g Pastinaken, geschält, in Stücke geschnitten

250 g Lauch, in Ringe geschnitten

75 g Karotte, in Würfel geschnitten

150 g Apfel, geschält, in Stücke geschnitten

850 ml Gemüsebrühe

50 g Mandelmus

150 g Bacon-Würfel

Salz und Pfeffer

In einem großen Topf das Kokosöl erhitzen und die Zwiebelwürfel glasig andünsten. Dann das Gemüse und den Apfel hinzufügen und kurz anbraten. Mit der Gemüsebrühe ablöschen und für 12–15 Minuten kochen lassen.

Anschließend mit dem Pürierstab cremig pürieren und das Mandelmus unterrühren. Mit Salz und Pfeffer abschmecken. Bei Bedarf noch heißes Wasser zufügen bis die Konsistenz suppig ist. Den Topf von der heißen Herdplatte nehmen.

In einer Pfanne den Bacon ohne Fett anbraten und dann mit dem Bratfett in die Suppe geben.

Die Suppe portionsweise in einem geeigneten Behälter warm mitnehmen, oder in der Pause in 3–4 Minuten in der Mikrowelle, bzw. auf dem Herd, erwärmen.

Nährwerte pro Portion:
Kalorien: 425, Fett: 25,3 g, Kohlenhydrate: 29,0 g, Eiweiß: 16,0 g

Aromatisch leckerer Vitaminkick ...

Thymian-Zucchini-Feta-Tasseneintopf

1 Portion

75 g Feta, gewürfelt
175 g Zucchini, ohne Kerngehäuse,
in kleine Würfel geschnitten
40 g Tomaten, getrocknet, in Öl,
in Streifen geschnitten
50 g grüne Oliven, ohne Kern,
halbiert oder geviertelt
1 TL Thymian, getrocknet
25 g Frischkäse
Salz und Pfeffer

Schnell und mediterran in der Pause …

Alles, außer dem Frischkäse, in einem verschließbaren Behälter mischen und diesen mitnehmen. Im Büro dann noch mitgebrachten Frischkäse unterrühren. Mit Salz und Pfeffer würzen.

Die Mischung anschließend in eine Tasse mit passender Größe geben und für 2,5 Minuten auf 600–700 Watt in die Mikrowelle stellen. Dann umrühren und erneut für 2,5 Minuten in der Mikrowelle erhitzen.

Nährwerte pro Portion:
Kalorien: 466, Fett: 35,0 g, Kohlenhydrate: 15,6 g, Eiweiß: 23,3 g

Fleischwurst-Paprika-Tasseneintopf

1 Portion

20 g Tomaten-Pesto
20 g Ajvar, scharf
20 g Frischkäse
75 g Fleischwurst, in kleine Würfel geschnitten
75 g Paprika, rot, gewürfelt
65 g Paprika, gelb, gewürfelt
65 g Paprika, grün gewürfelt
75 g Kirschtomaten, geviertelt
Salz und Pfeffer

Das Tomaten-Pesto mit dem Ajvar und dem Frischkäse vermischen. Mit Salz und Pfeffer würzen. Fleischwurst und Gemüse in eine Schüssel füllen und die würzige Creme unterheben. So vorbereitet in einem Behälter mitnehmen. Die Mischung in eine Tasse mit passender Größe geben und für 2,5 Minuten bei 600-700 Watt in die Mikrowelle stellen. Dann umrühren und erneut für 2,5 Minuten in der Mikrowelle erhitzen.

Da beschweren sich sicher die Kollegen, dass es so gut duftet ...

Nährwerte pro Portion:
Kalorien: 449, Fett: 35,3 g, Kohlenhydrate: 17,3 g, Eiweiß: 14,7 g

Sauerkraut-Kasseler-Tasseneintopf

1 Portion

30 g Frischkäse
15 g Senf
1/2 TL Majoran, getrocknet
Salz und Pfeffer
75 g gegarter Kasseler oder
Schinken, in Würfel geschnitten
50 g Paprika, rot, gewürfelt
50 g Paprika, gelb, gewürfelt
50 g Paprika, grün, gewürfelt
75 g Lauch, in dünne Ringe
geschnitten
75 g Sauerkraut aus der Dose

Herzhaft und gut ...

Den Frischkäse mit dem Senf vermischen. Mit Salz, Pfeffer und Majoran würzen. Kasseler und Gemüse in eine Schüssel füllen und die würzige Creme unterheben. So vorbereitet in einem Behälter mitnehmen. Die Mischung in eine Tasse mit passender Größe geben und abgedeckt für 2,5 Minuten bei 600–700 Watt in die Mikrowelle stellen. Dann umrühren und erneut für 2,5 Minuten in der Mikrowelle erhitzen.

Nährwerte pro Portion:
Kalorien: 263, Fett: 12,3 g, Kohlenhydrate: 13,3 g, Eiweiß: 22,2 g

Tassenkuchen Caprese

1 Portion

75 g Mozzarella, klein gewürfelt
100 g Kirschtomaten, geachtelt
25 g Basilikum-Pesto
5 g Eiweißpulver, Natural
20 g Gold-Leinsamenmehl, entölt
1/2 TL Backpulver
1 Ei, Größe M
1 Prise Salz

Zur Vorbereitung den Mozzarella, die Kirschtomaten und das Basilikum-Pesto in einem verschließbaren Behälter mischen. In einem anderen kleinen Behälter das Eiweißpulver, das Gold-Leinsamenmehl und das Backpulver mischen. Gemeinsam mit einem Ei einpacken.

Das Ei mit der trockenen Mischung verrühren und dann den Caprese-Mix unterheben. In eine größere Tasse geben und für 3,5 Minuten bei 600 Watt in der Mikrowelle garen. Je nach Tassenform oder auch Leistung der Mikrowelle die Zeit leicht nach oben oder unten anpassen.

Nährwerte pro Tassenkuchen:
Kalorien: 464, Fett: 31,1 g, Kohlenhydrate: 5,7 g, Eiweiß: 33,1 g

Da gucken die Kollegen dumm aus der Wäsche ...

Prima

Homemade Pulled Chicken

Ergibt 8 Portionen à 125 Gramm

1 kg nicht zu große Hähnchenbrüste (5 Stück)
400 ml Apfelwein, alkoholfrei   */ Saft*
150 g Zwiebel, grob gehackt
4 Knoblauchzehen, längs in Scheiben und dann in Streifen geschnitten
2 TL Paprika, rosenscharf
100 g Ketchup, zuckerfrei
Salz und Pfeffer   *, Gewürz Pulled Pork*

Basis für viele schmackhafte Gerichte ...

Hähnchen, Apfelwein, Zwiebel, Knoblauch, Paprika und Ketchup in einen Behälter füllen und für 24 Stunden im Kühlschrank marinieren.

Den Backofen auf 100 Grad Umluft vorheizen.

Die Hähnchenbrüste mit dem Sud über einem Sieb abgießen und die Flüssigkeit auffangen. Dann das Fleisch mit den Zwiebelstücken und dem Knoblauch in eine entsprechend große Auflaufform legen. Die Hälfte der Marinierflüssigkeit zugießen und fest mit Alufolie verschließen.

Die Garzeit beträgt insgesamt vier Stunden. Einmal pro Stunde die Auflaufform aus dem Ofen holen und die Hähnchenbrüste drehen. Dabei auch immer bei Bedarf etwas von dem Sud hinzufügen. Wenn die 4 Stunden um sind, dann die Hähnchenbrüste auf eine Platte legen, mit Alufolie einwickeln und in der Folie im Backofen für weitere 30 Minuten garen lassen.

In der Zwischenzeit den Sud, mit Zwiebel und Knoblauch, in einen höheren, schmalen Topf geben und den Sud für 30 Minuten auf dem Herd ohne Deckel kochen lassen. Dann mit dem Pürierstab cremig pürieren und mit Salz und Pfeffer abschmecken. Die Hähnchenbrüste aus dem Ofen holen und auf einem Schneidbrett mit zwei Gabeln zerreißen. Die zerrupften Fleischstücke zurück in die Auflaufform geben und die würzige Marinade darauf verteilen. Locker durchmischen und ohne Abdeckung zurück in den Ofen für weitere 30 Minuten. Mehrfach durchrühren während dieser Zeit. Anschließend abkühlen lassen oder direkt verzehren.

Nährwerte pro Portion:
Kalorien: 158, Fett: 1,5 g, Kohlenhydrate: 4,7 g, Eiweiß: 29,4 g

Pulled Chicken Soup

1 Portion

150 g Zucchini, grob geraspelt
125 g Pulled Chicken
(Rezept Seite 54/55)
50 g Karotte, grob geraspelt
1 TL Gemüsebrühepulver
200 ml kochendes Wasser
75 g Kirschtomaten, geviertelt

Ok, es ist nur 'ne klare Hühnersuppe mit Gemüse ...

In einen hitzetauglichen Behälter (ich hatte ein altes Einweckglas) die Zucchiniraspel füllen. Darauf dann die Hälfte des Pulled Chickens geben. Nun die Karotten darüber verteilen und diese mit dem Gemüsebrühepulver bestreuen. Das restliche Hühnchen darüber geben und die Schichtorgie mit den geschnittenen Tomaten beenden. Den Behälter so verschlossen mitnehmen.

Die Suppenbasis vor der endgültigen Zubereitung etwa 60 Minuten bei Zimmertemperatur stehen lassen. Dann ist der Inhalt nicht mehr so durchgekühlt. Nun mit 200 ml kochendem Wasser übergießen. Einen Deckel auflegen, da reicht schon ein Teller, und 5 Minuten verschlossen stehen lassen. Mischen und genießen.

Nährwerte pro Portion:
Kalorien: 224, Fett: 2,4 g, Kohlenhydrate: 14,2 g, Eiweiß: 33,1 g

Tassenkuchen Germania

1 Portion

100 g Hüttenkäse
75 g Sauerkraut
75 g Rostbratwürstchen,
in Ringe geschnitten
10 g Senf
10 g Eiweißpulver, Natural
5 g Kartoffelfasern
1/4 TL Paprika, rosenscharf
1/2 TL Backpulver
1 Prise Salz
1 Ei, Größe M

Ein ur-deutscher
Tassenkuchen ...

Zur Vorbereitung den Hüttenkäse, das Sauerkraut, die Rostbratwurst und den Senf in einem verschließbaren Behälter mischen. In einem anderen kleinen Behälter das Eiweißpulver, die Kartoffelfasern, Paprika, Backpulver und Salz mischen. Gemeinsam mit einem Ei einpacken und mitnehmen. Das Ei mit der trockenen Mischung verrühren und dann den Würstchen-Mix unterheben. In eine größere Tasse geben und für 4 Minuten bei 600 Watt in der Mikrowelle garen. Je nach Tassenform oder auch Leistung der Mikrowelle die Zeit leicht nach oben oder unten anpassen.

Dazu passt leckerer Radi als zünftige Mahlzeit.

Nährwerte pro Tassenkuchen:
Kalorien: 506, Fett: 33,7 g, Kohlenhydrate: 7,4 g, Eiweiß: 40,3 g

Tassenkuchen Moin Moin

75 g Mozzarella, klein gewürfelt

10 g Senf, mittelscharf

15 g Frischkäse

5 g Dill, frisch oder TK

75 g Kirschtomaten, geachtelt

25 g Zwiebel, fein gehackt

50 g Nordseekrabben, gekocht, aus der Kühltheke

5 g Eiweißpulver, Natural

20 g Gold-Leinsamenmehl, entölt

1/2 TL Backpulver

1 Ei, Größe M

1 Prise Salz

Zur Vorbereitung den Mozzarella, den Senf, den Frischkäse, den Dill, die Kirschtomaten, die Zwiebel und die Krabben in einem verschließbaren Behälter mischen.

In einem anderen kleinen Behälter das Eiweißpulver, das Gold-Leinsamen-mehl und das Backpulver mischen. Gemeinsam mit einem Ei einpacken und mitnehmen. Zur Fertigstellung dann in der Pause das Ei mit der trockenen Mischung verrühren und dann den Krabben-Mix unterheben.

Alles in eine größere Tasse geben und für 4 Minuten bei 600 Watt in der Mikrowelle garen. Je nach Tassenform oder auch Leistung der Mikrowelle die Zeit leicht nach oben oder unten anpassen.

Nährwerte pro Tassenkuchen:
Kalorien: 463, Fett: 26,5 g, Kohlenhydrate: 6,1 g, Eiweiß: 44,4 g

An die Nordseeküste in der Mittags-pause ...

10. Lauter Sachen für die Lunchbox

In die Happy-Carb-Lunchbox passt eine ganze Menge rein und ich bin ein echter Fan. Kein Wunder, nachdem ich im Kapitel über die Behälter schon das Lunchbox-Loblied angestimmt habe. Jetzt geht es endlich um die praktische Umsetzung und ich muss liefern.

Perfekt für die Lunchbox sind die klassisch belegten Sandwich-Brötchen, natürlich mit der Extraportion Gemüse. Oder wie wäre es mit gerollten Sandwiches? Einwickeln, rein in die Box und dann aus der Hand oder geschnitten aufessen.

Gemüsehappen, die vorher überbacken wurden, oder knackige Paprikaschalen und eine sättigende Creme dazu. Yummie! Und wer behauptet, dass man Cheeseburger nicht auch eckig machen kann und in eine Lunchbox stecken sollte, wird auf den kommenden Seiten eines Besseren belehrt.

Viel Spaß mit den Leckereien, die unbedingt in die Lunchbox hinein möchten.

Lunchbag

Mixed Häppchen

2 Portionen

Für die Paprikahäppchen:
350 g rote Paprika (2 Stück), in
gröbere Stücke geschnitten
50 g Chili-Kabanossi, in kleine
Stücke geschnitten
50 g Appenzeller-Käse, gerieben

Die Paprikastücke mit der Mischung
aus Wurst und Käse belegen.

*Da kann man die Pause
kaum abwarten ...*

Für die gefüllten Champignons:
250 g große braune Champignons, ohne Stiel
50 g Creme Fraiche
50 g Schinkenspeck, fein gewürfelt
25 g Appenzeller-Käse, gerieben
10 g TK-Basilikum

Den Backofen auf 175 Grad Umluft vorheizen. Die Champignons mit der
Mischung aus Creme Fraiche, Schinkenspeck, Käse und Basilikum befüllen.
Die Paprikastücke auf ein mit Backpapier belegtes Blech geben und in den
Ofen schieben. Nach 10 Minuten die gefüllten Champignons dazu geben
und weitere 15 Minuten im Ofen backen. Zum Abkühlen auf Küchenpapier
legen. Kalt oder warm sehr fein.

Nährwerte pro Portion:
Kalorien: 443, Fett: 31,5 g, Kohlenhydrate: 12,9 g, Eiweiß: 27,1 g

Sandwich-Brötchen-Dreierlei

Zutaten für 3 Sandwich-Brötchen:

200 g Petersilienwurzel, fein geraspelt

100 g Hüttenkäse / körniger Frischkäse, 20% Fett

2 Eier, Größe M

60 g Haferkleie

30 g Eiweißpulver, Natural

30 g Gold-Leinsamenmehl, entölt

15 g Kokosmehl

15 g Flohsamenschalen

1 TL Salz

1,5 TL Backpulver

Den Backofen auf 180 Grad Umluft vorheizen.

Alle Zutaten auf einen Schlag in eine Rührschüssel geben und vermengen. 5 Minuten stehen und quellen lassen. Dann mit den Händen 3 Fladen formen und auf ein mit Backpapier belegtes Backblech legen. Für 25–30 Minuten backen. Die Brötchen können eingefroren werden.

Nährwerte pro unbelegtem Sandwich-Brötchen:
Kalorien: 273, Fett: 8,2 g, Kohlenhydrate: 16,7 g, Eiweiß: 26,4 g

Ein gemüsiges Brötchen - 3 unterschiedliche Ideen ...

Für das Paprika-Makrelen-Sandwich-Brötchen:

1 TL Tomatenmark, einfach konzentriert,
1 TL Senf und
1/2 TL Erythrit verrührt
75 g geröstete Paprika, aus dem Glas
75 g geräuchertes Makrelenfilet

Ein Petersilienwurzelbrötchen aufschneiden. Beide Schnittflächen mit dem Tomatenmark-Senf-Erythrit-Gemisch bestreichen. Die geröstete Paprika auf das Brötchen legen und dann die Makrele darauf geben. Deckel drauf und genießen.

Nährwerte pro Paprika-Makrelen-Sandwich-Brötchen:
Kalorien: 505, Fett: 23,8 g, Kohlenhydrate: 22,4 g, Eiweiß: 42,5 g

Für das Rote Bete-Halloumi-Sandwich-Brötchen:

75 g Rote Bete, in 5 mm dicke Scheiben
geschnitten (4 Scheiben)
50 g Halloumi, in Scheiben geschnitten
etwas Olivenöl, nativ extra
25 g Apfel, in feine Würfel geschnitten
1 TL Sahne-Meerrettich
50 g griechischer Joghurt, 10% Fett
Salz und Pfeffer

Den Backofen auf 180 Grad Umluft
vorheizen.

Die Rote-Bete-Scheiben und den
Halloumi in eine Ofenform legen.
Die Rote Bete mit Olivenöl einpinseln. Für 20 Minuten rösten und abküh-
len lassen.

Ein Petersilienwurzelbrötchen aufschneiden. Nun Rote Bete und Halloumi
auf zwei Stapeln schichten. Den geraspelten Apfel und den Sahne-Meerrettich in den Joghurt rühren und auf die Rote Bete und den Halloumi geben. Deckel drauf und genießen.

Nährwerte pro Rote Bete-Halloumi-Sandwich-Brötchen:
Kalorien: 579, Fett: 30,3 g, Kohlenhydrate: 29,7 g, Eiweiß: 42,2 g

Für das Pulled Chicken Sandwich-Brötchen:

10 g Senf, mittelscharf
2 Blätter Salat
1 Tomatenscheibe
50 g Pulled Chicken (Rezept Seite 56/57)
1 EL Ketchup, zuckerfrei
1 TL Sriracha-Soße, ohne Glutamat

Ein Petersilienwurzelbrötchen aufschneiden. Mit dem Senf bestreichen und den Salat darauflegen. Nun die Tomate auf das Salatblatt legen. Dann das Pulled Chicken darüber verteilen. Das Ketchup mit der Sriracha-Soße mischen und auf das Sandwich geben. Deckel drauf und einpacken.

Nährwerte pro Pulled Chicken Sandwich-Brötchen:
Kalorien: 391, Fett: 10,0 g, Kohlenhydrate: 24,2 g, Eiweiß: 42,7 g

Roll-up-Sandwich mit Thunfischcreme

2 Portionen

Für die Teigrolle:
250 g fein geraspelte Möhren
3 Eier, Größe M
50 g geriebener Käse, z.B. Gouda, mittelalt
15 g Flohsamenschalen
Salz und Pfeffer

Für die Füllung:
150 g Thunfisch, in Lake, aus der Dose, gut abgetropft
150 g Silberzwiebeln, aus dem Glas (Achtung: Kohlenhydratgehalt der Produkte vergleichen), abgetropft, geviertelt
100 g Frischkäse
1 TL Senf, mittelscharf
1 TL Erythrit
Salz und Pfeffer
100 g rote Paprika, gewürfelt
75 g TK-Erbsen, für fünf Minuten in Wasser vorgegart

Den Backofen auf 175 Grad Umluft vorheizen.

Aus den geraspelten Karotten, den Eiern, dem Käse und den Flohsamenschalen einen Teig anrühren. Mit Salz und Pfeffer würzen. Die Mischung auf ein mit Backpapier belegtes Blech geben und auf eine Fläche von 25 x 30 cm verteilen. Für 15–20 Minuten backen und dann abkühlen lassen.

Den Thunfisch mit den geschnittenen Silberzwiebeln, dem Frischkäse, dem Senf und dem Erythrit zu einer Creme mischen. Mit Salz und Pfeffer würzen. Zum Schluss noch die Paprikawürfel und die Erbsen unterheben. Die Masse auf den Karottenboden geben und dann vorsichtig aufrollen. In Folie wickeln und durchkühlen lassen.

Die Rolle in der Mitte durchschneiden und das offene Ende ebenfalls mit Folie verschließen. Dann rein in die Lunchbox und genießen.

Nährwerte pro Portion:
Kalorien: 557, Fett: 30,4 g, Kohlenhydrate: 23,4 g, Eiweiß: 43,9 g

Nur nicht von den Kollegen klauen lassen ...

Roll-up-Sandwich Bella Italia

2 Portionen

Für die Teigrolle:
400 g fein geraspelte Zucchini, ohne Kerne, nur das Feste am Rand
Salz
3 Eier, Größe M
50 g geriebener Käse, z.B. Gouda, mittelalt
15 g Flohsamenschalen

Für die Füllung:
100 g Ziegenfrischkäse
75 g Ketchup, zuckerfrei
125 g Parma-Schinken
30 g Rucola
15 ml Olivenöl, nativ extra

Den Backofen auf 175 Grad Umluft vorheizen.

Die geraspelten Zucchini in ein Sieb geben und salzen. 15 Minuten warten und dabei abtropfen lassen. Mit den Händen überschüssiges Wasser kräftig ausdrücken. Mehrfach mit Kraft auspressen, bis nur noch etwa 250 g Zucchiniraspel übrig sind.

Aus den Zucchiniraspeln, den Eiern, dem Käse und den Flohsamenschalen einen Teig anrühren. Mit Salz und Pfeffer würzen. Die Mischung auf ein mit Backpapier belegtes Blech geben und auf eine Fläche von 25 x 30 cm verteilen. Für 15–20 Minuten backen und dann abkühlen lassen.

Den Ziegenfrischkäse mit dem Tomatenketchup mischen und auf der Zucchini-Teigplatte verteilen. Mit dem Parma-Schinken belegen und den Rucola darüber verteilen. Nun noch mit dem Olivenöl beträufeln. Vorsichtig aufrollen. In Folie wickeln und gut durchkühlen lassen. In zwei Hälften oder Schnitten zerteilen und genießen.

Nährwerte pro Portion:
Kalorien: 549, Fett: 37,3 g, Kohlenhydrate: 10,1 g, Eiweiß: 42,9 g

Amore, Amore in der Pause …

Paprika-Schnitten mit Parmesan-Erbsen-Creme

1 Portion

175 g rote Paprika (ein größeres Exemplar)
125 g TK-Erbsen, 4–5 Minuten in Wasser vorgekocht und abgekühlt
50 g Frischkäse
30 g Parmesan, gerieben
Salz und Pfeffer

Die Paprika in 3–4 Schnitten zerteilen.

Die restlichen Zutaten pürieren und die Creme in einen kleinen Behälter geben. Gemeinsam mit der Paprika in die Lunchbox geben und zur Pause die Paprikas füllen.

Nährwerte pro Portion:
Kalorien: 420, Fett: 22,6 g, Kohlenhydrate: 28,0 g, Eiweiß: 23,5 g

Ein farbliches Feuerwerk ...

Kichernde Erdnuss-Paprika-Schnitten

1 Portion

175 g rote Paprika
(ein größeres Exemplar)
100 g Kichererbsen, aus dem Glas,
abgetropft und abgespült
25 g Erdnussmus
25 ml Kokosmilch
1 TL heller Balsamico-Essig
1/2 TL Curry
15 gesalzene und geröstete Erdnüsse, gehackt
Salz und Pfeffer

Die Kichererbsen sorgen für gute Laune ...

Die Paprika in 3–4 Schnitten zerteilen. Dazu einfach mit dem Messer von der Paprika abschneiden.

Die restlichen Zutaten pürieren und die Creme in einen kleinen Behälter geben. Gemeinsam mit der Paprika in die Lunchbox geben und zur Pause die Paprikas füllen.

Nährwerte pro Portion:
Kalorien: 483, Fett: 27,2 g,
Kohlenhydrate: 32,9 g, Eiweiß: 20,6 g

Cheeseburger-Schnitten

4 Portionen

15 ml Olivenöl, nativ extra

400 g mageres Rinderhackfleisch

150 g rote Zwiebel, gehackt

200 g Hüttenkäse / körniger Frischkäse, 20% Fett

100 g Gouda, mittelalt, gerieben

4 Eier, Größe M, mit Salz und Pfeffer zu Rührei verquirlt

50 g Haferkleie (alternativ 20 g Flohsamenschalen)

250 g rote Paprika, in kleine Würfel geschnitten

50 g getrocknete Tomaten (nicht die in Öl), kleingeschnitten

100 ml Ketchup, zuckerfrei

15 g Senf, mittelscharf

150 g Gewürzgurken, in kleine Würfel geschnitten

Salz und Pfeffer

Den Backofen auf 175 Grad Umluft vorheizen.

In einer Pfanne das Olivenöl erwärmen und das Hackfleisch krümelig braten. Nun noch die Zwiebelwürfel hinzufügen und gemeinsam für 5 Minuten braten. Anschließend lauwarm abkühlen lassen.

Alle Zutaten mit dem gebratenen Hackfleisch in eine große Schüssel geben und zu einem Teig verrühren. Mit Salz und Pfeffer abschmecken. Die Mischung in eine mit Backpapier ausgelegte größere Auflaufform geben. Der Teig sollte etwa 3–4 cm hoch sein. Für 40–45 Minuten backen.

Dann mit dem Backpapier aus der Form nehmen und abkühlen lassen. Anschließend in Schnitten schneiden. Perfekt für die Lunchbox. Schmecken bei Zimmertemperatur oder aufgewärmt am besten.

Nährwerte pro Portion:
Kalorien: 533, Fett: 29,7 g, Kohlenhydrate: 18,8 g, Eiweiß: 44,3 g

Ein bisschen Burger muss auch in der Pause sein ...

Saté-Gemüseschnitten

3 Portionen

15 g Kokosöl
100 g Zwiebel, fein gehackt
500 g Brokkoli,
200 g Karotte und
200 g Petersilienwurzel, grob
geraspelt
5 Eier, Größe M
50 g Erdnussmus
15 g rote Currypaste
Salz und Pfeffer

Rund um die Welt in der Mittagspause ...

Den Backofen auf 175 Grad Umluft vorheizen.

In einem Topf das Kokosöl erhitzen und die Zwiebelwürfel glasig dünsten. Dann das Gemüse komplett hinzufügen und für 7–8 Minuten braten. Mit Salz und Pfeffer würzen. Wenn das Gemüse bissfest ist, dann in eine mit Backpapier ausgelegte Auflaufform geben. Die Eier mit dem Erdnussmus und der Currypaste gemeinsam pürieren. Kräftig mit Salz und Pfeffer würzen. Die Eiermischung über dem Gemüse verteilen und die Auflaufform für 25–30 Minuten in den Ofen stellen. Mit Hilfe des Backpapiers am Stück aus der Auflaufform nehmen und abkühlen lassen. Kalt in Schnitten schneiden und in der Lunchbox mitnehmen. Schmeckt auch warm superlecker.

Nährwerte pro Portion:
Kalorien: 396, Fett: 22,4 g, Kohlenhydrate: 18,3 g, Eiweiß: 25,2 g

11. Laugenstangen, Pizzabrötchen und Co.

Nachdem ich mich schon als Liebhaberin von Laugenstangen und anderen pausentauglichen Backwaren geoutet habe, gibt es auch hier eine Auswahl von herzhaften Backwaren, die sich alle perfekt zum Mitnehmen eignen.

Nicht für jeden Tag, dazu kommen die Sachen für meinen Geschmack mit zu wenig Gemüse daher, aber es ist manchmal einfach nur praktisch, wenn man ein Pizzabrötchen in Brotpapier einwickelt und nach dem Verzehr nicht mal mehr einen Behälter zu transportieren hat.

Oder bin ich etwa die einzige Dame, die gelegentlich ihr Mittagessen in der Handtasche bei sich hat?

Die Backwaren eignen sich auch größtenteils zum Einfrieren und sind nach dem Auftauen und Toasten bereit, unterwegs den Hunger lecker zu vertreiben.

Lunchbag

Laugenstangen mit Schinken und Käse

4 Laugenstangen

Für den Teig:
100 ml warmes Wasser
5 g Kokosblütenzucker (alternativ normaler Haushaltszucker)
5 g Trockenhefe
100 g Joghurt, 3,5% Fett
10 ml Apfelessig
1 Ei, Größe M
65 g Eiweißpulver, Natural
25 g Kokosmehl
25 g Flohsamenschalen
2 TL Backpulver
1 TL Salz

Ei verditscht, so eine leckere Laugenstange …

Für das Laugenbad:
3 TL Natron
500 ml heißes Wasser

Für den Belag:
60 g gekochter Schinken, in Streifen geschnitten
80 g Gouda mittelalt, gerieben

Den Backofen auf 175 Grad Umluft vorheizen.

Im warmen Wasser den Kokosblütenzucker auflösen und die Trockenhefe unterrühren. Für 10–15 Minuten stehen lassen.

Alle Zutaten (einschließlich dem Hefewasser) auf einen Schlag zu einem Teig verarbeiten. Für 5 Minuten quellen lassen. Dann mit den Händen vier Stangen formen.

In eine längliche hohe Schüssel 500 ml heißes Wasser geben und das Natron darin auflösen. In dem Natronwasser jede Stange für 30 Sekunden schwimmen lassen. Mehrfach drehen, damit alle Seiten benetzt werden. Anschließend die Stangen auf ein mit Papier belegtes Backblech legen.

Die Stangen mit den Schinkenstreifen und dem geriebenen Käse bestreuen. Für 25–30 Minuten im Ofen backen.

Nährwerte pro Laugenstange:
Kalorien: 227, Fett: 10,7 g, Kohlenhydrate: 4,8 g, Eiweiß: 25,4 g

Teuflische Schlemmerzungen

4 Schlemmerzungen

Für den Teig:

250 ml Buttermilch

3 Eier, Größe M

25 g Flohsamenschalen

45 g Eiweißpulver, Natural

40 g Kokosmehl

20 g Walnussmehl, entölt

1 TL Backpulver

1 TL Salz

1 TL Majoran, getrocknet

1 TL Apfelessig

Für den Belag:

100 g Silberzwiebeln, halbiert oder geviertelt

100 g rote Spitzpaprika, gewürfelt

75 g Frischkäse

50 g Ajvar, scharf

1 TL Sambal Oelek

2 x 40 g Gouda, mittelalt, gerieben

Salz und Pfeffer

Den Backofen auf 180 Grad Umluft vorheizen.

Alle Zutaten für den Teig auf einen Schlag in eine Rührschüssel geben und zu einem Teig verrühren.

Den Teig einige Minuten quellen lassen und mit feuchten Fingern in Form von vier Fladen auf ein mit Backpapier vorbereitetes Blech geben. Den Belag mischen, dabei 40 g geriebenen Käse hinzufügen. Die Masse auf dem rohen Teig verteilen, mit dem Rest des Käses bestreuen und für 25–30 Minuten backen. Da der Teig nicht vorgebacken wurde, bitte ruhig etwas krosser werden lassen. Einpacken, mitnehmen und Gemüsesticks dazu essen.

Nährwerte pro Schlemmerzunge:
Kalorien: 337, Fett: 19,3 g, Kohlenhydrate: 10,2 g, Eiweiß: 26,9 g

Teuflisch scharf, teuflisch gut ...

Pizzabrötchen

8 Brötchen

100 g rote Zwiebel, fein gewürfelt

250 g Magerquark

3 Eier, Größe M

75 g Haferkleie

50 g Eiweißpulver, Natural

25 g Gold-Leinsamenmehl, entölt

75 g Salami in Scheiben, in Streifen geschnitten

100 g gekochter Schinken, in Streifen geschnitten

10 ml Olivenöl, nativ extra

25 g getrocknete Tomaten (nicht die in Öl), kleingeschnitten

125 g Mozzarella, fein gewürfelt

2 TL Backpulver

1 TL Guarkernmehl

1 TL Salz

1 EL Pizzagewürz oder Oregano, getrocknet

50 g Parmesan, gerieben

Den Backofen auf 175 Grad Umluft vorheizen.

Die Zwiebelwürfel in einer kleinen Pfanne glasig dünsten und leicht abkühlen lassen.

Alle Zutaten, bis auf den Parmesan, in eine Rührschüssel geben und zu einem Teig verrühren.

Den Teig einige Minuten quellen lassen. Mit der Hand Brötchen formen und auf ein mit Backpapier belegtes Blech geben und den Parmesan darüber streuen. Für 30 Minuten im Ofen backen.

Nährwerte pro Pizzabrötchen:
Kalorien: 249, Fett: 12,4 g, Kohlenhydrate: 9,4 g, Eiweiß: 23,3 g

Da kommt sie, die Pizza für die Handtasche ...

Breadballs mit Karotten-Ketchup

2 Portionen

Für das Karotten-Ketchup:

200 g Karotten, geschält und in kleine Stücke geschnitten
30 g rote Zwiebel, fein gehackt
1 EL Olivenöl, nativ extra
75 ml Gemüsebrühe
2 TL heller Balsamico-Essig
50 g Tomatenmark, einfach konzentriert
2 TL Erythrit
Salz und Pfeffer

Für die Breadballs:

125 g Quark, 20% Fett
1 Ei, Größe M
10 g Traubenkernmehl
25 g Eiweißpulver, Natural
30 g Haferkleie
15 g Kokosmehl
1 TL Backpulver
1 TL Brotgewürz
1/2 TL Salz

Mal kein geschnitten Brot …

Den Backofen auf 175 Grad Umluft vorheizen.

Für das Ketchup die Karottenstücke und die Zwiebelwürfel mit dem Olivenöl mischen und für 25 Minuten im Ofen rösten. Aus dem Ofen nehmen.

Dann gemeinsam mit der Brühe, dem Essig, dem Tomatenmark und dem Erythrit pürieren. Mit Salz und Pfeffer abschmecken. Im Kühlschrank kalt werden lassen.

Alle Zutaten für den Teig in einer Schüssel mischen. Mit einem Teelöffel kleine Häufchen auf ein mit Backpapier belegtes Blech geben und für 20 Minuten backen. Gerne gemeinsam mit den Karotten für das Karotten-Ketchup.

Die Brotbälle und das in einen kleinen Behälter gepackte Karotten-Ketchup mitnehmen.

Nährwerte pro Portion:
Kalorien: 373, Fett: 15,2 g, Kohlenhydrate: 24,7 g, Eiweiß: 26,6 g

Türkische Fladenbrötchen mit Feta und Sucuk

6 Fladenbrötchen

250 ml Buttermilch
25 g Olivenöl
2 Eier, Größe M
30 g Kokosmehl
30 g Gold-Leinsamenmehl, entölt
25 g Flohsamenschalen
40 g Eiweißpulver, Natural
1 TL Backpulver
1 TL Salz
1 TL heller Balsamico-Essig
100 g Feta, gewürfelt
100 g Sucuk-Wurst, gewürfelt
100 g rote Zwiebel, gehackt
150 g rote Spitzpaprika, in kleine Stücke geschnitten

Zum Bestreuen:
2 TL Schwarzkümmel
2 TL Sesam

Den Backofen auf 175 Grad Umluft vorheizen.

Für die Bauchtanz-stimmung im Büro ...

Alle Zutaten auf einen Schlag verrühren und mit der Hand ovale Fladen auf einem Blech mit Backpapier formen. Mit Schwarzkümmel und Sesam bestreuen. Für 30 Minuten in den Ofen. Auf die Fladen beim Backen locker ein Blatt Backpapier legen, damit die Bräunung nicht so stark wird.

Nährwerte pro Fladenbrötchen:
Kalorien: 287, Fett: 19,1 g, Kohlenhydrate: 6,6 g, Eiweiß: 19,2 g

Oliven im Teigmantel mit feurigem Tomatensalat

3 Portionen

Feueralarm!
Alle Mann
in den Pausen-
raum ...

Für die Oliven im Teigmantel:
50 g Mandelmehl, nicht entölt
25 g Eiweißpulver, Natural
25 g Gold-Leinsamenmehl, entölt
1 TL Salz
1 TL Paprikapulver, rosenscharf
1 TL Backpulver
1/2 TL Guarkernmehl
50 g Butter
125 g Mozzarella, fettarm, in kleine Würfel geschnitten
1 Ei, Größe M
1 Knoblauchzehe, gepresst
50 g Gouda, mittelalt, gerieben
150 g große (16–18 Stück) grüne Oliven, ohne Stein/Kern, scharf eingelegt
oder mit Paprikapaste gefüllt

Für den feurigen Tomatensalat:
100 g griechischer Joghurt, 10% Fett
50 g Ketchup, zuckerfrei
1 TL Sambal Oelek
1 TL heller Balsamico-Essig
750 g Kirschtomaten, bunt, halbiert
Salz und Pfeffer

Den Backofen auf 175 Grad Umluft vorheizen.

Die trockenen Zutaten in einer Schüssel vermischen. Die Butter, den Mozzarella und das Ei in einen hohen schmalen Behälter geben und mit einem Pürierstab zu einem Brei pürieren. Die Masse mit dem Knoblauch in eine Rührschüssel geben und die trockene Mischung, zusammen mit dem Gouda, esslöffelweise unterrühren. Am Ende den Teig in etwas Frischhalte-folie hüllen und für eine Stunde kühlen lassen.

Nach der Kühlzeit jeweils etwas Teig nehmen und in der Hand flach drü-cken. Je eine Olive umwickeln und auf ein mit Backpapier belegtes Blech legen. So verfahren, bis Teig und Oliven aufgebraucht sind. Anschließend im Ofen für 20–25 Minuten goldbraun backen.

Für den Tomatensalat das feurige Dressing anrühren und zu den Tomaten und den Oliven im Teigmantel essen. Alles lässt sich prima in geeigneten Behältern mitnehmen.

Nährwerte pro Portion:
Kalorien: 630, Fett: 46,6 g,
Kohlenhydrate: 14,0 g,
Eiweiß: 34,0 g

Nuss-Kürbis-Scones mit Tomaten-Feta-Creme

Kürbis mit Nuss und dann auch noch Tomate ...

3 Portionen (6 Scones)

Für die Nuss-Kürbis-Scones:

250 g Butternut-Kürbis, fein geraspelt

2 Eier, Größe M

50 g Haferkleie

40 g Eiweißpulver, Natural

15 g Kartoffelfasern

30 g Macadamiamehl, teilentölt (alternativ Mandelmehl, entölt und nicht entölt, halb und halb gemischt)

15 g Flohsamenschalen

30 g gehackte Nüsse (Haselnüsse, Walnüsse, Pekannüsse, Paranüsse, Macadamia, nach Wunsch mischen)

1 TL Salz

1 TL Backpulver

Den Backofen auf 175 Grad Umluft vorheizen.

Alle Zutaten auf einen Schlag in eine Rührschüssel geben und vermengen. 5 Minuten stehen und quellen lassen. Dann mit den Händen kreisrund zu einem 3–4 cm hohen Teigkuchen formen. Anschließend den rohen Teigkreis in 6 Kuchenstücke schneiden. Diese mit Hilfe eines Tortenhebers auf ein mit Backpapier belegtes Backblech legen. Für 25–30 Minuten backen.

Für den Tomaten-Feta-Dip:

100 g Feta

100 g Frischkäse

75 g Kirschtomaten, geviertelt

35 g getrocknete Tomaten (ohne Öl), kleingeschnitten

1/2 TL rote Currypaste

1 Zehe Knoblauch, kleingeschnitten

2 TL getrocknete italienische Kräuter (Oregano, Thymian, Rosmarin etc.)

Salz und Pfeffer

Die Zutaten für den Dip pürieren.

1/3 des Tomaten-Feta-Dips mit zwei Scones sind eine Portion.

Nährwerte pro Portion:

Kalorien: 535, Fett: 32,1 g, Kohlenhydrate: 25,3 g, Eiweiß: 31,9 g

12. Rundum sorglos satt Salate

Jetzt kommt also die unvermeidliche Salatfraktion. Was macht einen guten Salat aus, der für das Büro geeignet ist? Klar, er sollte transportabel sein. Die Zutaten sollten bunt gemischt und nicht nur grün sein. Am Ende der Salatmahlzeit sollte sich auch noch eine zufriedene Sättigung einstellen. Und nun die Hürde, an der viele Salate der Kategorie Eisberg und Co. regelmäßig scheitern: das schnelle Loch im Bauch. Denn die Sättigung sollte auch bei einem Salat nach 2–3 Stunden noch vorhanden sein.

Das geht mit Salatblättern alleine schwer, deshalb werden bei Happy Carb stärkere Geschütze aufgefahren. Die Zeiten von lustlos in grünen Blättern umherstochernden Menschen sind vorbei. Ein Salat, der als richtige Mahlzeit durchgehen soll, braucht mehr. Was das ist, können Sie in den folgenden Rezepten entdecken.

Lunchbag

Senf-Fleischwurst-Salat

3 Portionen

Für den Salat:

950 g Blumenkohl, grob geraspelt

150 g Karotten, klein gewürfelt

100 g TK-Erbsen

3 Eier, Größe M, hartgekocht und kleingeschnitten

200 g (Geflügel-)Fleischwurst, gewürfelt

Für das Dressing:

150 g saure Sahne

30 g Senf, mittelscharf

15 ml heller Balsamico-Essig

Salz und Pfeffer

*Fleischwurst mit Senf.
Die Handwerkerpause …*

Den Backofen auf 175 Grad Umluft vorheizen. Den geraspelten Blumenkohl und die Karottenwürfel in eine Ofenform geben. Für 20 Minuten im
Ofen braten und zwischendurch 2-mal mischen. Abkühlen lassen. Die TK-
Erbsen für 5–6 Minuten in etwas Wasser garen und dann abgießen. Alles
Gemüse in eine größere Salatschüssel füllen. Die kleingeschnittenen Eier
und die Fleischwurstwürfel hinzufügen. Das Dressing vermengen und unter den Salat rühren. Den Salat über mehrere Stunden durchziehen lassen.
Kräftig mit Salz und Pfeffer abschmecken. In einem geeigneten Behälter
mitnehmen und genießen.

Nährwerte pro Portion:
Kalorien: 425, Fett: 23,2 g, Kohlenhydrate: 19,1 g, Eiweiß: 28,8 g

Tomaten-Blumenkohlsalat mit Mini-Frikadellen

4 Portionen

Für den Tomaten-Blumenkohlsalat:
950 g Blumenkohl, grob geraspelt
100 g Tomaten-Pesto
15 ml heller Balsamico-Essig
1/2 TL Sambal Oelek
250 g Kirschtomaten, geviertelt oder halbiert
Salz und Pfeffer

Für die Mini-Frikadellen:
10 g Haferkleie
15 ml Wasser
25 g Kokosöl
40 g Zwiebel, fein gehackt
350 g gemischtes Hackfleisch
10 g Senf, mittelscharf
1 Ei, Größe M
1 TL Majoran, getrocknet
1/2 TL Paprikapulver, scharf
Salz, Pfeffer

Den Backofen auf 175 Grad Umluft vorheizen.

Die Blumenkohlraspel in eine Ofenform geben und für 20 Minuten rösten. Dabei 2-mal durchrühren. Das Tomaten-Pesto mit dem Essig und dem Sambal Oelek in einem Schälchen mischen. Wenn das Gemüse heiß aus dem Ofen kommt, dann das Pestogemisch unterrühren. Salzen und pfeffern. Abkühlen lassen und in eine größere Salatschüssel füllen.

Für die Frikadellen die Haferkleie mit dem Wasser mischen und 10 Minuten quellen lassen. In der Zwischenzeit, in einer kleinen Pfanne mit wenig Kokosöl, die fein gehackten Zwiebelwürfel für 3–4 Minuten glasig dünsten. In einer Schüssel das Hackfleisch mit allen Zutaten (Haferkleiebrei, gedünstete Zwiebel, Ei, Gewürze) mischen und kleine Frikadellen formen. Eine große Pfanne mit dem restlichen Kokosöl erhitzen. Darin die Frikadellen für etwa 10–12 Minuten von beiden Seiten braun braten und dann aus der Pfanne nehmen.

Das Bratfett der Frikadellen über den Salat gießen. Die geschnittenen Tomaten hinzufügen und alles mischen. Mit Salz und Pfeffer abschmecken und durchziehen lassen. Gemeinsam mit den kleinen Frikadellen mitnehmen. Bei Zimmertemperatur genießen.

Nährwerte pro Portion:
Kalorien: 483, Fett: 33,9 g, Kohlenhydrate: 14,1 g, Eiweiß: 26,3 g

Frikadellen sind der To-Go-Klassiker schlechthin ...

lecker !!!

Pulled Chicken Salat

2 Portionen

250 g Pulled Chicken (Rezept Seite 54/55)

Für die Salatmischung:

2 Mini-Romanasalate, kleingeschnitten
150 g rote Paprika, in Streifen geschnitten
150 g Kirschtomaten, halbiert
125 g Snack-Gurken, in Würfel geschnitten

www.logi-lowcarb.de

BEST OF LOGI®

LOGI
LOW-CARB®

www.logi-lowcarb.de

Jetzt Kennenlernrabatt sichern!

Erlebe die köstliche Welt der LOGI-Produkte noch heute. Nutze einfach unseren Willkommensgutschein von **25% Rabatt** mit folgendem Gutscheincode:

LOGISYS-WELCOME25

Einzulösen bei einer Bestellung in unserem Webshop:
www.logi-lowcarb.de

Dieser Gutschein ist gültig bis 31.08.2017 auf alle Nahrungsmittel.

Für das Dressing:

5 EL Ketchup, zuckerfrei

1 TL Senf, mittelscharf

150 g griechischer Joghurt, 10% Fett

2 Gewürzgurken, gewürfelt

1 EL Gurkenwasser aus dem Glas

Salz und Pfeffer

Die Zutaten für den bunten Salat mischen. Die Zutaten für das Salatdressing verrühren. Den Salat in zwei größere Schüsseln zum Mitnehmen aufteilen.

Das Dressing und das Pulled Chicken portionsweise jeweils in passende Behälter füllen. In der Mittagspause das Pulled Chicken über dem Salat in der mitgebrachten Schüssel verteilen und das Dressing darübergießen.

Nährwerte pro Portion:

Kalorien: 342, Fett: 9,5 g, Kohlenhydrate: 21,2 g, Eiweiß: 36,8 g

Hähnchen auf Salat. Der Klassiker, aber viel besser ...

Orient-Kichererbsen-Kohlsalat

3 Portionen

Für den Salat:

750 g Spitzkohl, in Streifen geschnitten

350 g Kichererbsen, aus dem Glas, mit Wasser abgespült

150 g rote Spitzpaprika, in kleine Würfel geschnitten

Für das Dressing:

100 g Frischkäse

50 ml frisch gepresster Orangensaft

20 g Harissa-Paste (nach Geschmack auch mehr oder weniger)

1 TL heller Balsamico-Essig

1 EL Olivenöl, nativ extra

Salz und Pfeffer

Je länger
der Salat
steht, desto
hmmmmm ...

Den geschnittenen Spitzkohl in einem Küchensieb langsam mit 1–2 Litern kochendem Wasser übergießen. Den Frischkäse mit dem Orangensaft und der Harissa-Paste mit einem Schneebesen mischen. Mit Salz und Pfeffer würzen. Alle Zutaten des Salates miteinander vermengen und das Dressing untermischen. Durchziehen lassen und dann noch final abschmecken.

Nährwerte pro Portion:
Kalorien: 389, Fett: 18,0 g, Kohlenhydrate: 31,5 g, Eiweiß: 18,0 g

Paprika-Kohlrabisalat mit scharfen Meatballs

5 Portionen (für 2–3 Portionen, einfach die Mengen halbieren)

Für die Meatballs:

400 g grobes Wurstbrät / gewürztes Schweinemett
50 g Ajvar, scharf
1 TL Sambal Oelek (weglassen, wer es nicht scharf mag)
Salz und Pfeffer

85 g rote Zwiebel, gehackt
500 g rote Spitzpaprika, klein gewürfelt

Für den Salat:

1,2 kg Kohlrabi, in 1-2 cm große Würfel geschnitten
75 g TK-Erbsen
400 ml Gemüsebrühe
100 g Frühlingszwiebel, in Ringe geschnitten

Für das Dressing:

100 g Frischkäse
1 EL heller Balsamico-Essig
1 TL Erythrit
30 g Ajvar, scharf
Salz und Pfeffer

Den Backofen auf 175 Grad Umluft vorheizen.

Die Zutaten für die Meatballs mischen und mit Salz und Pfeffer abschmecken. Kleine Bälle von 2 cm Durchmesser rollen. Die Zwiebelwürfel mit den Paprikawürfeln in eine Ofenform geben und die rohen Meatballs auf dem Gemüse verteilen. Für 20 Minuten in den Ofen stellen und dann und abkühlen lassen.

Die Kohlrabistücke und die gefrorenen Erbsen in der Gemüsebrühe 7–8 Minuten garen und dann abkühlen lassen. Alle Zutaten für den Salat, einschließlich der Frühlingszwiebelringe, vermengen.

Die Zutaten für das Salatdressing mischen und über den Salat geben. Durchziehen lassen, mit Salz und Pfeffer würzen.

Nährwerte pro Portion:
Kalorien: 391, Fett: 21,4 g, Kohlenhydrate: 23,3 g, Eiweiß: 23,0 g

Ein Salat, zu dem man wirklich Mahlzeit sagen kann ...

Regenbogensalat

2 Portionen

Für den Salat:
100 g rohe Rote Bete, grob geraspelt
75 g Romanasalat, in schmale Streifen geschnitten
100 g Cheddar-Käse, herzhaft, grob geraspelt
100 g Karotte, grob geraspelt
150 g rote Paprika, in kleine Würfel geschnitten
(alternativ geviertelte Kirschtomaten)

Für das Dressing:
50 g Frischkäse
Saft einer Limette
1 TL Erythrit
2 EL Wasser
20 ml Olivenöl
Salz und Pfeffer
1 EL gemischte Kräuter, frisch oder TK

Die Zutaten für den Salat in 2 transport-
fähigen Behältern schichten. Von unten nach oben, erst die geraspelte Rote
Bete, dann die Salatstreifen, den geriebenen Cheddar, die Karottenraspel
und als letztes noch die Paprikawürfel einfüllen. Das Dressing mit einem
Schneebesen anrühren. Den Salat und das Dressing portionsweise mitnehmen und erst kurz vor dem Verzehr das Dressing auf den Salat geben.

Nährwerte pro Portion:
Kalorien: 426, Fett: 32,3 g, Kohlenhydrate: 15,6 g, Eiweiß: 17,1 g

Somewhere
over the ...
ist alles Käse

Mix-Salat aus dem Glas

2 Portionen

Für den Salat:

150 g Eisbergsalat, in Streifen geschnitten

150 g Kidneybohnen, abgespült und
abgetropft

100 g Avocado, in Würfel geschnitten
und mit 1 EL Limettensaft gemischt

150 g Kirschtomaten, geviertelt

100 Feta, in Würfel geschnitten

Für das Dressing:

150 g griechischer Joghurt, 10% Fett

15 ml heller Balsamico-Essig

1 EL Dill, TK oder frisch

1 TL Erythrit

Salz und Pfeffer

Die Zutaten in einen Behälter schichten. Von unten nach oben: Eisbergsalat, Kidneybohnen, Avocadowürfel, Eisbergsalat, Tomaten und Fetawürfel.

Das Dressing anrühren und kurz vor dem Verzehr über den Salat geben.

Nährwerte pro Portion:

Kalorien: 418, Fett: 30,6 g, Kohlenhydrate: 16,3 g, Eiweiß: 17,0 g

Schicht-Karotten-Kohlsalat mit Garnelen und Curry-Mango-Dressing

2 Portionen

Für den Salat:
400 g Spitzkohl, in feine Streifen geschnitten
200 g Party-Garnelen, aus der Kühltheke
150 g Karotten, grob geraspelt
50 g gehackte Haselnüsse, zum Bestreuen

Für das Dressing:
150 g griechischer Joghurt, 10% Fett
50 g TK-Mango, ungezuckert, aufgetaut
1 EL heller Balsamico-Essig
1 TL Olivenöl, nativ extra
1 TL Curry
Salz und Pfeffer

*Das ist die perfekte Pause.
Das wird der perfekte Tag ...*

Die Spitzkohlstreifen in einem Sieb mit kochendem Wasser übergießen und abkühlen lassen. Die Zutaten für das Dressing pürieren und mit Salz und Pfeffer abschmecken. Den Kohl, die Garnelen und die Karottenraspel abwechselnd in 2 geeigneten Behältern schichten. Das Dressing und die gehackten Nüsse getrennt mitnehmen und dann vor dem Verzehr auf den Salat geben.

Nährwerte pro Portion:
Kalorien: 478, Fett: 26,4 g, Kohlenhydrate: 23,7 g, Eiweiß: 31,7 g

lecker

Lunchiger Eiersalat

2 Portionen

200 g Hüttenkäse / körniger
Frischkäse, 20% Fett
4 Eier, Größe M, hartgekocht und
kleingeschnitten
150 g Kirschtomaten, halbiert oder
geviertelt
50 g Frühlingszwiebel, in Ringe
geschnitten
75 g Möhren, grob geraspelt
2 TL Sahne-Meerettich
1 TL Senf, mittelscharf
10 ml heller Balsamico-Essig
20 ml Leinöl
20 g gehackte Nüsse nach
Wunsch
Salz und Pfeffer

Alle Zutaten mischen und dann mit Salz und Pfeffer abschmecken. Lässt sich gut aufbewahren und in einem Behälter mitnehmen.

Nährwerte pro Portion:
Kalorien: 466, Fett: 32,4 g, Kohlenhydrate: 12,9 g, Eiweiß: 29,3 g

Mein liebster Pausensalat ...

13. Powersnacks! Aus der Hand direkt in den Mund

Hin und wieder braucht es unterwegs einen Energieschub. Ob auf längeren Reisen, auf Messen und Veranstaltungen, oder einfach, um ein spontanes Leistungstief zu überbrücken. Gelegentlich braucht es nur einen einzigen nahrhaften Happen, um sich wieder gut zu fühlen.

Praktisch und einfach zu transportieren, finden die Powersnacks in jeder Handtasche Platz und schaffen es auch durch jede noch so scharfe Sicherheitskontrolle.

Mein Favorit sind übrigens die Schlaubergerkugeln, die in Prüfungen für den notwendigen Schub sorgen und jede Notwendigkeit von Traubenzucker pulverisieren.

Erlaubtes Powerdoping, ganz ohne Nebenwirkungen.

Lunchbag

Maca-Haferkleie-Kekse

1 Backblech mit 12 Keksen

25 g Butter, weich
75 ml Kokosmilch
1 Ei, Größe M
75 g Haferkleie
35 g Macadamiamehl, teilentölt
(alternativ Mandelmehl, entölt und
Mandelmehl nicht entölt gemischt)
15 g Kokosmehl
20 g Kakaonibs
10 g Maca-Pulver
50 g Erythrit
2 TL Stevia-Streupulver mit Erythrit
1 TL Backpulver

Powerkekse für unterwegs …

Den Backofen auf 150 Grad Umluft vorheizen.

Alle Zutaten gut verrühren und mit einem Esslöffel auf einem Blech mit
Backpapier in 12 Portionen verteilen. Für 25–30 Minuten backen.

Nährwerte pro Keks:
Kalorien: 86, Fett: 5,6 g, Kohlenhydrate: 4,7 g, Eiweiß: 2,9 g

Fruchtige Pekan-Cookies

Mit einigen Cookies im Ge-
päck, flieg ich
um die Welt ...

15 Stück

75 g Butter, weich
2 Eier, Größe M
50 g Erythrit
2 TL Stevia-Streupulver mit
Erythrit
1 Prise Salz
50 g Eiweißpulver, Vanille
50 g Mandelmehl, nicht entölt
25 g Mandelmehl, entölt
1 TL Backpulver
40 g Pekannüsse, gehackt
30 g Goji-Beeren, gehackt
30 g Aroniabeeren

Den Backofen auf 175 Grad Umluft vorheizen.

Die Butter mit den beiden Eiern aufschlagen, und die Süßmittel und die Prise Salz unterrühren. Die Mehle / Pulver in einer Schüssel mischen und esslöffelweise unterrühren. Zum Schluss noch die Pekannüsse und die Beeren zufügen. Der Teig ist relativ fest. Mit einem Esslöffel jeweils Häufchen auf ein mit Backpapier ausgelegtes Backblech geben und kreisförmig zerdrücken. 10–15 Minuten hellbraun backen.

Nährwerte pro Cookie:
Kalorien: 117, Fett: 9,0 g, Kohlenhydrate: 3,0 g, Eiweiß: 5,6 g

Powerkugel-Trilogie

Espresso-Kokos-Schoko-Bälle – 32 Stück

75 g gehackte Mandeln, in der Pfanne ohne Fett geröstet
15 g Kakaonibs
75 g Kokosraspel
100 ml Kokosmilch
50 ml kalter Espresso
50 g Eiweißpulver, Vanille
15 g Kokosmehl
15 g Kakaopulver
3 TL Stevia-Streupulver mit Erythrit
30 g Puder-Erythrit
15 g Kokosraspel, zum Wenden

Die Zutaten für die Espresso-Kokos-Schoko-Bälle vermengen und mit der Hand 32 Kugeln rollen. Diese dann in Kokosraspel wälzen und fertig. Am besten in einer luftdichten Dose verschließen, damit die Espresso-Kokos-Schoko-Bälle schön weich bleiben.

Nährwerte pro Kugel:
Kalorien: 51, Fett: 4,1 g, Kohlenhydrate: 0,8 g, Eiweiß: 2,2 g

Himbeer-Powerkugeln – 24 Stück

75 ml Orangensaft
75 g Mandelmehl, nicht entölt
50 g blanchierte Mandeln, gehackt
3 TL Stevia-Streupulver mit Erythrit
25 g Chia-Samen
8 g Flohsamenschalen
20 g Himbeerpulver
30 g Mandelmehl, nicht entölt, zum Wenden

Die Zutaten mischen und mit der Hand in 24 kleine Kugeln formen. Diese anschließend im Mandelmehl rollen. Am besten in einer luftdichten Dose verschließen, damit die Himbeer-Powerkugeln schön weich bleiben.

Nährwerte pro Kugel:
Kalorien: 48, Fett: 3,8 g, Kohlenhydrate: 0,9 g, Eiweiß: 1,6 g

Schlaubergerkugeln – 30 Stück

100 g gehackte Haselnüsse, in der Pfanne ohne Fett geröstet
75 g Haferkleie
150 ml Kokosmilch
60 g Eiweißpulver, Vanille
15 g Kokosblütenzucker
2 TL Stevia-Streupulver mit Erythrit
10 g Maca-Pulver
15 g Haferkleie, zum Wenden

Die Zutaten für die Schlaubergerkugeln vermengen und mit der Hand 30 Kugeln rollen. Diese dann in Haferkleie wälzen und fertig. Am besten in einer luftdichten Dose verschließen, damit die Schlaubergerkugeln schön weich bleiben.

Nährwerte pro Kugel:
Kalorien: 53, Fett: 3,3 g, Kohlenhydrate: 2,7 g, Eiweiß: 2,7 g

Macadamia-Paprika-Käse-Cracker

Ergibt 175 g Cracker / 7 Portionen à 25 Gramm

100 ml warmes Wasser

50 g Macadamias, gemahlen (alternativ Mandeln oder andere Nüsse)

25 g Goldleinsamen, geschrotet

25 g Chia-Samen

35 g gehackte Kürbiskerne

10 g Flohsamenschalen

10 g Zwiebelpulver (aus dem Gewürzregal)

5 g Paprikapulver, rosenscharf

30 g Parmesan, fein gerieben

1 TL Thymian, getrocknet

1 TL Salz

Den Backofen auf 100 Grad Umluft vorheizen.

Die Zutaten zu einem Teig vermischen. Dünn auf einem Blech mit Back-papier ausrollen. Zwischen 2 Blatt Backpapier klappt das ganz gut. Die Macadamia-Paprika-Käse-Cracker für 60 Minuten in den Ofen schieben.

Dann mit dem Pizza-Schneider in Stücke schneiden, die Stücke drehen und auf dem Blech verteilen. Erneut für weitere 60 Minuten backen. Während der Backzeit mehrfach die Backofentüre öffnen, um etwas Feuchtigkeit aus dem Ofen zu lassen.

Abkühlen lassen und dann wegknuspern. In einer Keksdose aufbewahren und für unterwegs luftdicht verschlossen einpacken.

Nährwerte pro Portion á 25 Gramm:
Kalorien 141, Fett: 11,5 g, Kohlenhydrate: 2,6 g, Eiweiß: 5,8 g

Die knabbern sich schneller weg, als einem lieb ist ...

Danksagung

14. DANKSAGUNG

Ja, ist es denn schon wieder vorbei. Noch nicht ganz, denn es ist Zeit, Danke zu sagen. Das Buch ist kürzer, also will ich es auch knapp halten. Ich danke meinem Mann, der wie immer ganz selbstlos meine fabrizierten Leckereien verkostet hat. Er testet ja auch die Sachen, die nicht gelingen, aber das bekommen meine Leser/innen zum Glück nicht mit.

Ein Dank geht an die Arbeitskollegen meines Mannes, die sich immer wieder zu Verkostungen bereit erklären und deren Meetings ich sicherlich in den letzten Monaten kulinarisch bereichert habe. Tapfer hat sich das Team durch diverse Kugeln und Kekse gefuttert.

Ansonsten geht mein Dank wieder an alle Beteiligten im Rahmen der Buchproduktion. Dabei speziell an meine liebe Grafikerin Simone Ruths, die dem wunderschönen Buch den Anstrich gegeben hat, den es braucht, um wieder ganz besonders zu sein.

Als letztes noch ein fettes Dankeschön für meine tollen Leser/innen auf meinem Happy-Carb-Blog. Ohne eure Inspiration und treue Unterstützung würde es dieses Buch nicht geben. Ich weiß, was ich an euch habe.

Rezeptübersicht

Register

ÖL OLIVEN

W
Wurstbrät: 98

X
Xylit: 37, 39

Z
Zimt: 42
Zucchini: 50, 56, 68, 69
Zucker: 9, 14, 16, 18, 24, 30
Zwiebel: 47, 48, 54, 55, 58, 59, 72, 74,
        80, 82, 84, 92, 93, 98

RRRING

RRRING

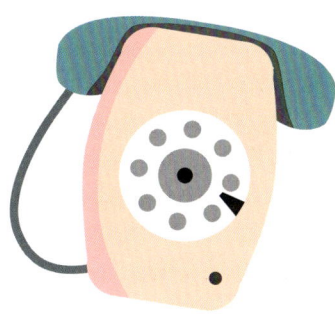

RRRING

HAPPY

Notizen

Gesunde Ernährung rund um die LOGI-Methode und LOGI-Low-Carb

Glücklich und schlank.
Mit viel Eiweiß und dem richtigen Fett.
Das komplette LOGI-Basiswissen.
Mit umfangreichem Rezeptteil.
Dr. Nicolai Worm
978-3-942772-96-9 **22,00 €**

Das große LOGI-Grillbuch.
120 heiß geliebte Grillrezepte
rund um Gemüse, Fisch und Fleisch.
Ein Fest für LOGI-Freunde.
Heike Lemberger
Franca Mangiameli
978-3-942772-12-9 ~~18,00 €~~ **15,99 €**

LOGI. Das Buch.
Das Beste aus 15 Jahren LOGI. 300 Rezepte,
Theorie und Tipps.
978-3-95814-026-4 **30,00 €**

Der LOGI-Muskel-Coach.
Die ultimative Sporternährung für
Muskelaufbau und Ausdauertraining.
Dr. Torsten Albers | Dr. Nicolai Worm
Kirsten Segler
978-3-942772-13-6 **19,99 €**

Die LOGI-Jubiläumsbox.
10 erfolgreiche, glückliche und schlanke
Jahre mit der LOGI-Methode.
Enthält DIE drei Standardwerke rund um
die LOGI-Methode zum Jubiläumspreis.
- Glücklich und schlank.
- Das große LOGI-Kochbuch.
- Das neue große LOGI-Kochbuch.
Dr. Nicolai Worm | Franca Mangiameli
Heike Lemberger
978-3-927372-68-9 **55,00 €**
(erhältlich solange der Vorrat reicht)

Happy Carb: Meine liebsten Low-Carb-Rezepte.
Happy-Carb-Bloggerin Bettina Meiselbach
verrät uns ihre über 150 »Erfolgsrezepte« für
mehr Gesundheit und Genuss.
Bettina Meiselbach
978-3-95814-075-2 **19,99 €**

Das große LOGI-Kochbuch.
120 raffinierte Rezepte zur Ernährungs-
revolution mit Dr. Nicolai Worm.
Mit exklusiven LOGI-Kompositionen
der Spitzenköche Alfons Schubeck,
Vincent Klink, Ralf Zacherl, Christian
Henze und Andreas Gerlach.
Franca Mangiameli
978-3-942772-79-2 **22,00 €**

**Abnehmen lernen.
In nur zehn Wochen!**
Das intelligente LOGI-Power-Programm
zur dauerhaften Gewichtsreduktion.
Mit diesem Tagebuch werden Sie Ihr
eigener LOGI-Coach!
Heike Lemberger
Franca Mangiameli
978-3-942772-59-4 **22,00 €**

Eiweiß-Guide.
Tabellen mit über 500 Lebensmitteln
bewertet nach ihrem Eiweißgehalt
und ausgewählten Aminosäuren.
Franca Mangiameli | Heike Lemberger
Dr. Nicolai Worm
978-3-942772-64-8 **9,99 €**

Mehr vom Sport!
Low-Carb und LOGI in der
Sporternährung.
Unter Mitwirkung zahlreicher
Spitzensportler: Boxweltmeister Felix
Sturm, Schwimmprofi Mark Warnecke,
Leichtathlet Danny Ecker und viele mehr.
Clifford Opoku-Afari | Dr. Nicolai Worm
Heike Lemberger
978-3-927372-41-2 **19,95 €**

**Happy Carb:
Diabetes Typ 2 – nicht mit mir!**
Erfolgsbloggerin Bettina Meiselbach verrät
ihr persönliches Low-Carb-Geheimnis gegen
Diabetes. Mit 30 inspirierenden Rezeptideen.
Bettina Meiselbach
978-3-95814-062-2 **19,99 €**

Das neue große LOGI-Kochbuch.
120 neue Rezepte – auch für Desserts,
Backwaren und vegetarische Küche.
Jede Menge LOGI-Tricks und die klügsten
Alternativen zu Pizza, Pommes und Pasta.
Franca Mangiameli | Heike Lemberger
978-3-942772-88-4 **22,00 €**

Vegetarisch kochen mit der LOGI-Methode.
LOGI ohne Fisch und Fleisch? Na klar!
80 innovative und kreative LOGI-Veggie-
Rezepte. Wenige Kohlenhydrate – gluten-
frei. Mit vielen veganen Rezeptalternativen.
Susanne Thiel | Dr. Nicolai Worm
978-3-942772-89-1 **22,00 €**

Fett Guide.
Welches Fett ist gesund? Welches
Fett wofür? Tabellen mit über 500
Lebensmitteln, bewertet nach ihrem
Fettgehalt und ihrer Fettqualität.
Heike Lemberger | Ulrike Gonder
Dr. Nicolai Worm
978-3-942772-09-9 ~~9,99 €~~ **7,49 €**

LOGI-Guide.
Tabellen mit über 500 Lebensmitteln
bewertet nach ihrem glykämischen
Index und ihrer glykämischen Last.
Franca Mangiameli
Dr. Nicolai Worm | Andra Knauer
978-3-942772-02-0 **6,99 €**

LOGI und Low Carb in der Sporternährung.
Glykämischer Index und glykämische
Last – Einfluss auf Gesundheit
und körperliche Leistungsfähigkeit.
Jan Prinzhausen
978-3-927372-30-6 **24,90 €**

Noch mehr LOGI.
Die LOGI-Fisch-, -Back- und -Grillbox.
Über 400 raffinierte Rezepte.
Die Box beinhaltet:
- das große LOGI-Fischkochbuch
- das große LOGI-Grillbuch,
- das große LOGI-Back- und -Dessertbuch
Heike Lemberger | Franca Mangiameli
Susanne Thiel | Anna Fischer
978-3-942772-48-8 **45,00 €**
(erhältlich solange der Vorrat reicht)

Happy Carb to go.
44 Low-Carb-Rezepte für unterwegs.
Bettina Meiselbach
978-3-95814-088-2 **12,00 €**

Das große LOGI-Fischkochbuch.
Köstliche Gerichte mit Fisch und Meeres-
früchten aus heimischen Gewässern und
aus aller Welt.
S. Thiel | A. Fischer
978-3-942772-07-5 ~~19,95 €~~ **15,99 €**

Das LOGI-Fanbuch.
Erfolgsgeschichten, Rezepte, Tipps und
Tricks von Fans für Fans der LOGI-Methode.
978-3-95814-079-0 **19,99 €**

Der LOGI-Wochenkalender 2018.
54 köstliche und inspirierende
LOGI-Rezepte auf wunderschönen
Sammelkarten.
978-3-95814-109-4 **15,00 €**

#POWERFÜRDICH. (DVD)
Trainiert, schlank & sexy.
Das 12-Wochen-Programm von
Promi-Trainer Cliff.
Clifford Opoku-Afari
978-3-95814-064-8 **14,99 €**

LOGI durch den Tag.
Kombinieren Sie Ihren LOGI-Abnehmplan
aus 50 Frühstücken, 50 Mittagessen
und 50 Abendessen. Maximale Sättigung
mit weniger als 1.600 Kalorien
und 80 Gramm Kohlenhydraten pro Tag!
Franca Mangiameli
978-3-95814-007-3 **26,00 €**

Die Low-Carb-Alltagsküche.
110 Koch- und Backrezepte,
die JEDER kann!
Beate Strecker
978-3-95814-034-9 **19,99 €**

**Leicht abnehmen!
Geheimrezept Eiweiß.**
Gewicht verlieren mit Eiweiß und
Formula-Mahlzeiten. Und dann:
gesund und schlank auf Dauer mit LOGI.
Dr. Hardy Walle | Dr. Nicolai Worm
978-3-95814-009-7 **19,99 €**

Die besten LOGI-Kochkarten.
Einfallsreich, einfach, preiswert.
978-3-942772-54-9 **5,00 €**

#POWERFÜRDICH. (DVD)

Endlich schlank ohne Diät.
Erfolgreich abnehmen ohne Jo-Jo-Effekt
und Kalorienzählen - nach dem
LOGI-Erfolgsprinzip von Dr. Nicolai Worm.
Anna Cavelius
978-3-942772-10-5 ~~9,99 €~~ **7,49 €**

Das LOGI-Menü.
Logisch kombiniert: 50 Vorspeisen,
50 Hauptgerichte, 50 Desserts.
Franca Mangiameli
978-3-95814-006-6 **26,00 €**

Das Fastenbuch.
Die besten Fastenkuren für jeden Typ.
Anna Cavelius
978-3-927372-85-6 **19,99 €**

Das große LOGI-Back- und Dessertbuch.
Über 100 raffinierte Dessertrezepte,
die Sie niemals für möglich gehalten
hätten. So macht Leben nach LOGI
noch mehr Spaß!
Mit exklusivem Stevia-Extrakapitel.
Franca Mangiameli | Heike Lemberger
978-3-927372-66-5 **19,95 €**

**Leicht abnehmen!
Das Rezeptbuch.**
Gewicht verlieren mit Eiweiß und Formula-
Mahlzeiten. Und für danach: 70 einfache
und abwechslungsreiche LOGI-Rezepte.
Dr. Hardy Walle
978-3-927372-40-5 **12,95 €**

Das große LOGI-Familien-kochbuch.
Die LOGI-Ernährungsmethode für die
ganze Familie in Theorie und Praxis.
Mit 100 tollen Rezepten, die auch Kindern
schmecken.
Marianne Botta | Dr. Nicolai Worm
978-3-95814-016-5 **22,00 €**

LOGI im Alltag, in der Praxis und in der Klinik.
Andra Knauer
978-3-942772-31-0 ~~9,99 €~~ **6,99 €**

Die LOGI-Akademie.
LOGI lehren – LOGI verstehen.
Ein Leitfaden zur Patientenschulung
und zum Selbststudium.
Franca Mangiameli
978-3-927372-59-7 ~~49,00 €~~ **34,99 €**

Vegan Detoxfasten.
Das 7-Tage-Programm zur Regulation des
Säure-Basen-Haushaltes.
Anna Cavelius
978-3-942772-97-6 **8,99 €**

systemed Küchenratgeber

auch als eBOOK

Low-Carb – Low-Budget.
Kohlenhydratbilanzierte Küche für den kleinen Geldbeutel.
Wolfgang Link | Dr. med. Jürgen Voll
978-3-942772-65-5 **8,99 €**

Low-Carb unterwegs.
40 Rezepte für die Reise und zum Mitnehmen.
Franca Mangiameli | Heike Lemberger
978-3-942772-66-2 **8,99 €**

Low-Carb vegan.
40 Rezepte ohne tierische Lebensmittel.
Franca Mangiameli | Heike Lemberger
978-3-942772-68-6 **8,99 €**

auch als eBOOK

Low-Carb in 15 Minuten.
40 »leichte« Schnellrezepte zum Genießen.
Wolfgang Link
978-3-942772-75-4 **8,99 €**

Low-Carb-Powerwoche.
In 7 Tagen Vitalität gewinnen und Gewicht verlieren.
Wolfgang Link | Dr. med. Jürgen Voll
978-3-942772-87-7 **8,99 €**

Low-Carb in der Schwangerschaft.
Gesundheit mit wenig Kohlenhydraten für Mutter und Baby.
Annett Schmittendorf
978-3-942772-72-3 **8,99 €**

Low-Carb-Feierabendküche.
5 Zutaten – 15 Minuten – 40 Rezepte.
Wolfgang Link
978-3-95814-059-2 **8,99 €**

Low-Carb-Nudelküche.
30 köstliche echte Pastarezepte mit wenig Kohlenhydraten.
Wolfgang Link
978-3-95814-047-9 **8,99 €**

 NEU

Low-Carb-One-Pot.
1 Topf – alle Zutaten – 36 kohlenhydratarme Rezepte.
Wolfgang Link
978-3-95814-095-0 **8,99 €**

auch als eBOOK

Low-Carb für Sportler.
30 kohlenhydratreduzierte Gerichte für den Sportler.
Wolfgang Link | Dr. med. Jürgen Voll
978-3-942772-91-4 **8,99 €**

auch als eBOOK

Low-Carb-Desserts.
40 Desserts mit wenig Kohlenhydraten.
Wolfgang Link
978-3-942772-95-2 **8,99 €**

auch als eBOOK

Low-Carb-Pfannengerichte.
40 Rezepte für die schnelle Pfanne mit wenig Kohlenhydraten.
Wolfgang Link
978-3-942772-93-8 **8,99 €**

Low-Carb bei Nahrungsmittelunverträglichkeit.
30 Rezepte bei Laktoseintoleranz/ Fruktoseintoleranz/Zöliakie.
W. Link | Dr. med. J. Voll
978-3-942772-74-7 ~~7,99 €~~ **4,99 €**

Low-Carb für den Hund.
Artgerechte Hundeernährung mit wenig Kohlenhydraten – Wissen, Tipps und Rezepte.
Ursula Bien
978-3-95814-011-0 **8,99 €**

Low-Carb vegetarisch.
40 vegetarische Rezepte ohne Fisch und Fleisch.
Wolfgang Link
978-3-95814-005-9 **8,99 €**

Low-Carb-Suppen.
40 Suppen und Eintöpfe zum einfachen Nachkochen.
Manuela Oehninger Suter
978-3-95814-004-2 **8,99 €**

Low-Carb für Einsteiger.
32 Rezepte mit zahlreichen Varianten für den Start in eine kohlenhydratarme Ernährung.
Manuela Oehninger Suter
978-3-95814-048-6 **8,99 €**

 NEU

Low-Carb-Burger.
40 großartige Burgerrezepte mit wenigen Kohlenhydraten.
Wolfgang Link
978-3-95814-074-5 **8,99 €**

Low-Carb kalte Küche.
40 kohlenhydratarme Rezepte ohne zu kochen.
Manuela Oehninger Suter
978-3-95814-021-9 **8,99 €**

auch als eBOOK

Low-Carb-Aufläufe.
40 kohlenhydratarme Rezepte aus dem Ofen & Wissenswertes zu Aufläuformen.
Wolfgang Link
978-3-95814-022-6 **8,99 €**

Low-Carb-Backen für den Alltag.
22 kohlenhydratarme, einfache und 100% funktionierende Rezepte für Kuchen und Kekse.
Beate Strecker
978-3-95814-033-2 **8,99 €**

Low-Carb-Weihnachtsbäckerei.
22-mal Kekse, Gebäck und Konfekt zur Weihnachtszeit.
Beate Strecker
978-3-95814-043-1 **8,99 €**

Low-Carb für Diabetiker.
29 kohlenhydratarme Rezepte zur Blutzuckerregulation.
Wolfgang Link | Dr. Jürgen Voll
978-3-95814-045-5 **8,99 €**

Low-Carb-Frühstück.
40 abwechslungsreiche Frühstücksideen mit wenig Kohlenhydraten.
Wolfgang Link
978-3-95814-046-2 **8,99 €**

Low-Carb mediterran.
34 kohlenhydratarme Rezepte mit garantiertem Ferienfeeling.
Manuela Oehninger Suter
978-3-95814-055-4 **8,99 €**

 NEU

Low-Carb-Classics.
40 kohlenhydratarme Rezepte aus der traditionellen Hausmacherküche.
Wolfgang Link
978-3-95814-081-3 **8,99 €**

Ketogene Ernährung

BEST-SELLER
auch als eBOOK

Krebszellen lieben Zucker – Patienten brauchen Fett.
Gezielt essen für mehr Kraft und Lebensqualität bei Krebserkrankungen.
Prof. Ulrike Kämmerer
Dr. Christina Schlatterer | Dr. Gerd Knoll
978-3-927372-90-0 **24,99 €**

Ketogene Ernährung bei Krebs.
Die besten Lebensmittel bei Tumorerkrankungen.
Prof. Ulrike Kämmerer
Dr. Christina Schlatterer | Dr. Gerd Knoll
978-3-95814-037-0 **14,99 €**

KetoKüche für Einsteiger: Rezepte & Kraftshakes.
50 ketogene Rezepte, die schmecken.
Dorothee Stuth | Ulrike Gonder
978-3-942772-42-6 **14,99 €**

KetoKüche zum Genießen.
Mit gesunden Gewürzen und Kokosnuss.
Über 100 ketogene Rezepte für Genießer.
Bettina Matthaei | Ulrike Gonder
978-3-942772-44-0 **19,99 €**

KetoKüche mediterran.
90 kohlenhydratarme Gerichte rund um das Mittelmeer.
Bettina Matthaei | Ulrike Gonder
978-3-95814-044-8 **19,99 €**

JETZT ALS PAPERBACK

Stopp Alzheimer!
Wie Demenz vermieden und behandelt werden kann.
Dr. Bruce Fife
978-3-942772-86-0 ~~24,99 €~~ **20,00 €**

Stopp Alzheimer! Praxisbuch.
Wie Demenz vermieden und behandelt werden kann. Mit zahlreichen Rezepten, Mental-Test sowie Warenkunde und Kohlenhydrattabellen.
Dr. Bruce Fife
978-3-942772-27-3 **12,99 €**

 NEU

Essen! Nicht! Vergessen!
Demenzrisiko wegessen – oder: Wie die Ernährung vor Alzheimer & Co. schützen kann.
Dr. Peter Heilmeyer | Ulrike Gonder
978-3-95814-070-7 **15,95 €**

Das Beste aus der Kokosnuss.
Natives Bio-Kokosöl und Bio-Kokosmehl.
Ulrike Gonder
978-3-942772-56-3 **4,99 €**

Kokosöl (nicht nur) fürs Hirn!
Wie das Fett der Kokosnuss helfen kann, gesund zu bleiben und das Gehirn vor Alzheimer und anderen Schäden zu schützen.
Ulrike Gonder
978-3-942772-38-9 **7,49 €**

Positives über Fette und Öle.
Warum gute Fette und Öle so wichtig für uns sind.
Ulrike Gonder
978-3-942772-57-0 **4,99 €**
Alle 3 Bücher im Paket
978-3-942772-55-6 **14,00 €**

KetoKüche kennenlernen.
Die ketogene Ernährung in Theorie und Praxis.
Ulrike Gonder | Anja Leitz
978-3-942772-80-8 **8,99 €**

Das angesagte, Ernährungsthema im systemed Verlag: Gezielt essen bei Krebserkrankungen, Alzheimer und Demenz mit ketogener Ernährung.

Praxisbroschüre Rezepte zur Unterstützung einer ketogenen Ernährung für Krebspatienten.
Prof. Ulrike Kämmerer | Nadja Pfetzer
(erhältlich nur beim Verlag) **6,90 €**

systemed verlag

Yoga & Achtsamkeit

Das Hatha Yoga Praxisbuch.
Für Einsteiger und Fortgeschrittene.
Marcel Anders-Hoepgen
978-3-95814-035-6 **29,99 €**

Sonderedition NEU

Endlich gut schlafen. (Doppel-CD)
»Gut schlafen & »Besser schlafen« – die
Klassiker in einem Paket.
Marcel Anders-Hoepgen
978-3-95814-102-5 **15,00 €**

Die Yogi-Methode.
30-Tage-Challenge zur achtsamen
Ernährung.
Vegan – ayurvedisch – yogisch.
Marcel Anders-Hoepgen
978-3-942772-69-3 **19,99 €**

Anti-Stress-Yoga.
Kartenbox mit 18 Rezepten und 56 Asanas.
Petra Orzech
978-3-942772-85-3 **14,99 €**

Schlank durch Achtsamkeit.
Durch inneres Gleichgewicht
zum Idealgewicht.
Ronald Pierre Schweppe
978-3-942772-90-7 **14,99 €**

Glückliche Kinder.
Erziehung in Liebe und Achtsamkeit.
Aus der Reihe »mitGefühl«
Ronald Pierre Schweppe
978-3-95814-000-4 **2,50 €**

**Sampoorna
Hatha Yoga Stunde.** (DVD)
Stufe 1
Marcel Anders-Hoepgen
978-3-927372-64-1 **17,95 €**
**Sampoorna
Hatha Yoga Stunde.** (CD)
Stufe 1
Marcel Anders-Hoepgen
978-3-927372-65-8 ~~14,95 €~~ **9,79 €**

Besser schlafen. (CD)
Entspannung für die Nacht.
978-3-942772-25-9 **9,99 €**
Kraft tanken. (CD)
Entspannung für den Tag.
978-3-927372-61-0 **7,99 €**

Yoga: Jeden Tag neu!
Über 100.000 mögliche Kombinationen
für Übungseinheiten à 5 bis 10 Minuten.
Marcel Anders-Hoepgen
978-3-927372-69-6 ~~28,00 €~~ **13,99 €**

Der Glücksvertrag
Das 21-Tage-Programm. Ein glückliches
Leben in Balance dank einer Formel aus
Psychologie und fernöstlicher Heilkunst.
Inklusive DVD.
A. Mehta | G. Brüggemann
978-3-942772-14-3 ~~19,99 €~~ **5,99 €**

Achtsam abnehmen.
33 Methoden für jeden Tag.
Ronald Pierre Schweppe
978-3-942772-99-0 **12,99 €**

Starke Partner.
Beziehung in Liebe und Achtsamkeit.
Aus der Reihe »mitGefühl«
Aljoscha Long
978-3-95814-001-1 **2,50 €**

**Sampoorna
Hatha Yoga Stunde.** (DVD)
Leichte Mittelstufe
Schwerpunkt: Dehnung der Hüften
Marcel Anders-Hoepgen
978-3-942772-04-4 **17,95 €**

Nada-Yoga-Musik-Reihe.
Marcel Anders-Hoepgen
Eternal OM (CD)
978-3-942772-16-7 **9,99 €**
Shanti (CD)
978-3-942772-29-7 **9,99 €**
Runterkommen (CD)
978-3-942772-17-4 **9,99 €**
Gelassenheit (CD)
978-3-942772-15-0 **9,99 €**

Marcel Anders-Hoepgen
Bauchmuskulatur stärken (CD)
978-3-927372-75-7 **8,95 €**
Gleichgewicht (CD)
978-3-927372-72-6 **8,95 €**
Oberen Rücken stärken (CD)
978-3-927372-73-3 **8,95 €**
Unteren Rücken stärken (CD)
978-3-927372-74-0 **8,95 €**

Warum Stress dick macht
… und warum wir entspannt
schneller abnehmen.
Ronald Pierre Schweppe
978-3-942772-51-8 ~~12,99 €~~ **9,75 €**

Dauerhaft schlank.
Ernährung mit Liebe und Achtsamkeit.
Aus der Reihe »mitGefühl«
Dr. Julia Bollwein
978-3-95814-002-8 **2,50 €**

Hatha Yoga Stunde. (DVD)
Leichte Mittelstufe
Schwerpunkt: Kraftaufbau
Marcel Anders-Hoepgen
978-3-927372-84-9 **17,99 €**

Rücken for fit.
Das 30-Tage-Programm für einen schmerz-
freien Rücken in nur fünf Minuten pro Tag.
Inklusive Übungs-DVD.
Marcel Anders-Hoepgen
978-3-942772-53-2 ~~19,99 €~~ **14,99 €**

Der Burnout-Irrtum
Ausgebrannt durch Vitalstoffmangel –
Burnout fängt in der Körperzelle an!
Das Präventionsprogramm mit
Praxistipps und Fallbeispielen.
Uschi Eichinger | Kyra Hoffmann
978-3-95814-042-4 **19,99 €**

Selbstheilung.
Gesundheit durch Liebe und Achtsamkeit.
Aus der Reihe »mitGefühl«
Fei Long
978-3-95814-003-5 **2,50 €**

Hebammen Yoga.
Übungen zur Geburtsvorbereitung
und Rückbildung. *Inkl. Mantra-Audio-CD.*
Marcel Anders-Hoepgen
978-3-927372-99-3 ~~19,99 €~~ **5,99 €**

Yoga X-Large.
Auch Dicke können Yoga machen!
Yoga- und Bewusstseinsübungen für
Menschen mit Plus-Size-Körpern.
Birgit Feliz Carrasco
978-3-942772-77-8 **17,99 €**

Die Anti-Stress-Ernährung.
Die LOGI-Methode zur Stressbewältigung.
Mehr Power für die Körperzellen.
Uschi Eichinger | Kyra Hoffmann
978-3-95814-032-5 **19,99 €**

systemed Verlag
Kastanienstraße 10
D-44534 Lünen
Telefon 02306 63934
Telefax 02306 61460
www.systemed.de
faltin@systemed.de

Hebammen Yoga. (Doppel-DVD)
Übungen zur Geburtsvorbereitung und
Rückbildung.
Marcel Anders-Hoepgen
978-3-942772-03-7 **16,95 €**

Sonderedition

Der Sonnengruß. (Doppel-DVD)
Workout für den Morgen voller Energie
und Kraft. Entspannung für den Abend und
guten Schlaf.
Marcel Anders-Hoepgen
978-3-95814-067-7 **17,99 €**

Sonnengruß, Teil 2. (DVD + CD)
Der perfekte Stressabbau.
Marcel Anders-Hoepgen
978-3-927372-97-9 ~~18,95 €~~ **9,99 €**

Impressum

REDAKTION:
systemed Verlag, Lünen
systemed GmbH, Kastanienstr. 10, 44534 Lünen

FOTOGRAFIE:
Bettina Meiselbach, Carsten Meiselbach, www.happycarb.de
Brigitte Sommer (Seite 2, Seite 6)

GESTALTUNG, ILLUSTRATIONEN, SATZ:
rosavision, Simone Ruths, www.rosavision.de

ILLUSTRATIONEN:
"BETTI": Signyra, www.signyra.com

UMSCHLAGGESTALTUNG:
Simone Ruths

DRUCK:
Grafisches Centrum Cuno GmbH & Co. KG, Calbe

ISBN:
978-3-95814-088-2

1. Auflage